道路交通事故调查与案例分析

贾铮 李小欢 赵泽民 杨凯 编著

化学工业出版社
·北京·

内 容 简 介

本书系统阐述了道路交通事故调查、道路交通应急救援与安全风险评估、典型交通事故案例等内容。书中对社会车辆交通事故、危化品运输车辆交通事故、货物运输车辆交通事故、长途客车交通事故、农用车辆交通事故、电动自行车和自行车交通事故等进行了分类列举与说明，提供了丰富的案例，附录部分对涉及的交通事故法律法规进行了分类阐述，以期指导交通运输行业/企业切实吸取事故教训，有针对性地开展好自查自纠，提高安全意识，切实防范与化解安全隐患。

本书适合交通运输相关行业进行安全管理、安全生产实践和安全生产教育培训之用，也可作为交通运输安全相关专业教育、注册安全工程师考试参考用书。

图书在版编目（CIP）数据

道路交通事故调查与案例分析／贾铮等编著. —北京：化学工业出版社，2023.6
ISBN 978-7-122-43324-4

Ⅰ.①道… Ⅱ.①贾… Ⅲ.①公路运输-交通运输事故-事故分析 Ⅳ.①U491.3

中国国家版本馆CIP数据核字（2023）第083377号

责任编辑：刘丽宏　　　　　　　　　文字编辑：张钰卿　王　硕
责任校对：李雨函　　　　　　　　　装帧设计：王晓宇

出版发行：化学工业出版社（北京市东城区青年湖南街13号　邮政编码100011）
印　　装：北京科印技术咨询服务有限公司数码印刷分部
710mm×1000mm　1/16　印张12　字数249千字　2023年6月北京第1版第1次印刷

购书咨询：010-64518888　　　　　　　　　售后服务：010-64518899
网　　址：http://www.cip.com.cn
凡购买本书，如有缺损质量问题，本社销售中心负责调换。

定　　价：59.80元　　　　　　　　　　　　　　　　　　版权所有　违者必究

前言

当前,我国正处于高速发展时期,生产、生活节奏较快,人口密集度较高,安全隐患较多,安全生产形势仍十分严峻。

交通是经济社会发展和城市运行的重要领域,交通安全与民生福祉息息相关。"十三五"期间,全国道路交通安全形势保持总体平稳,与"十二五"期间相比,较大事故、重大事故、特别重大事故分别下降35%、69%和50%。2020年全国道路交通事故万车死亡率较2015年下降20%。"十四五"时期处于"两个一百年"奋斗目标的历史交汇点,迈入高质量发展新阶段,人、车、路等道路交通要素仍将持续快速增长。

本书系统阐述了道路交通事故调查、道路交通应急救援与安全风险评估、典型交通事故案例等内容,附录对涉及的交通事故法律法规进行了分类阐述,以期指导交通运输行业/企业切实吸取事故教训,有针对性地开展好自查自纠,为其切实担当起防范化解安全隐患的第一责任人职责提供全面指导。

本书由北京市交通委员会安全应急事务中心贾铮和赵泽民、上海烟草集团北京卷烟厂有限公司李小欢、北京石油化工学院杨凯共同编写完成。

在本书的编写和出版过程中,北京石油化工学院顾溪桥、张杰、白恩龙、韩曜徽、康佳豪等人参与了材料收集和整理工作,同时本书还参阅了众多专家学者的论著,在此一并向他们表示感谢!

本书适合交通运输相关行业进行安全管理、安全生产实践和安全生产教育培训之用,也可作为交通运输安全相关专业教育、注册安全工程师考试参考用书。

由于水平所限,书中不足之处在所难免,恳请广大读者批评指正。

编著者

目录 CONTENTS

第1章 绪论 ... 001
1.1 我国道路交通事故的现状 ... 001
1.2 道路交通事故的基本概念与类型、引发因素 ... 001
- 1.2.1 交通事故的定义 ... 001
- 1.2.2 交通事故的构成要素 ... 001
- 1.2.3 事故分类 ... 002
- 1.2.4 事故的引发因素 ... 003

1.3 道路交通事故理论 ... 004
- 1.3.1 道路交通事故致因理论 ... 004
- 1.3.2 海因里希因果连锁理论 ... 004
- 1.3.3 管理失误理论 ... 005

1.4 道路交通事故的预防 ... 005
- 1.4.1 国省道交通安全管理与事故预防的重点内容 ... 005
- 1.4.2 城市道路交通事故的预防对策 ... 006

第2章 道路交通事故调查 ... 009
2.1 道路交通事故的报告及处理程序 ... 009
- 2.1.1 道路交通事故报告程序 ... 009
- 2.1.2 道路交通事故调查处理一般程序 ... 010

2.2 道路交通事故调查的管辖权与调查、认定的基本原则 ... 010
- 2.2.1 管辖权（法院） ... 010
- 2.2.2 管辖权（执法） ... 010
- 2.2.3 事故调查的原则 ... 012

2.2.4 事故认定原则 013
2.3 道路交通事故调查处理的内容 017
　　2.3.1 交通事故调查的数据 017
　　2.3.2 交通事故调查的项目 017
　　2.3.3 交通安全调查数据的来源 018
2.4 道路交通事故调查基本步骤 020
　　2.4.1 事故调查步骤（宏观） 020
　　2.4.2 事故调查步骤（微观） 020
2.5 道路交通事故原因分析 021
　　2.5.1 人的因素 021
　　2.5.2 车辆因素 022
　　2.5.3 道路因素 023
　　2.5.4 经济因素 023
　　2.5.5 管理因素 024
　　2.5.6 交通法规因素 025
2.6 道路交通事故责任划分 025
2.7 道路交通事故认定书和调查报告 026
　　2.7.1 事故认定书 026
　　2.7.2 事故调查报告 026

第3章　道路交通应急救援与安全风险评估 028

3.1 交通事故应急预案 028
　　3.1.1 总则 028
　　3.1.2 应急组织体系 030
　　3.1.3 运行机制 034
　　3.1.4 应急保障 043
　　3.1.5 监督管理 047
　　3.1.6 附则 048
3.2 公路交通事故应急救援 048

- 3.2.1 公路交通事故的种类 049
- 3.2.2 公路交通事故伤情分类 049
- 3.2.3 公路交通事故的特征 050
- 3.2.4 公路交通事故的主要特点 051
- 3.2.5 交通事故对抢险救援行动的影响 053
- 3.2.6 抢险救援的行动原则 053
- 3.2.7 抢险救援的实施程序和方法 054
- 3.2.8 公路交通事故救援过程中应该注意的问题 056
- 3.3 道路交通的安全风险评估 057
  - 3.3.1 道路交通的安全风险识别 057
  - 3.3.2 道路交通的安全风险分析 058
  - 3.3.3 道路交通的安全风险评价 060

第4章 典型交通事故案例 061

- 4.1 社会车辆交通事故 061
  - 4.1.1 基本情况 061
  - 4.1.2 事故发生和应急处置概况 063
  - 4.1.3 事故伤亡情况及直接经济损失 064
  - 4.1.4 事故原因及性质 065
  - 4.1.5 事故防范和整改措施 065
- 4.2 危化品运输车辆交通事故 066
  - 4.2.1 基本情况 067
  - 4.2.2 事故发生和应急处置概况 070
  - 4.2.3 事故原因及性质 071
  - 4.2.4 事故防范和整改措施 076
- 4.3 货物运输车辆交通事故 078
  - 4.3.1 基本情况 079
  - 4.3.2 事故发生和应急处置概况 081
  - 4.3.3 事故原因及性质 081

	4.3.4 事故防范和整改措施	083
4.4	长途客车交通事故	084
	4.4.1 基本情况	084
	4.4.2 事故发生和应急处置概况	086
	4.4.3 事故原因及性质	087
	4.4.4 事故防范和整改措施	089
4.5	农用车辆交通事故	091
	4.5.1 事故发生和应急处置概况	091
	4.5.2 基本情况	091
	4.5.3 事故原因及性质	092
	4.5.4 事故防范和整改措施	093
4.6	电动自行车、自行车交通事故	095
	4.6.1 电动自行车交通事故	095
	4.6.2 自行车交通事故	096

附录 涉及交通事故的法律法规 099

一 《生产安全事故报告和调查处理条例》 099
二 《中华人民共和国道路交通安全法》 106
三 《中华人民共和国道路交通安全法实施条例》 123
四 《中华人民共和国道路运输条例》 141
五 《生产安全事故罚款处罚规定》（试行） 152
六 法律、法规、部门规章中有关违法的责任条款 156
    1.《中华人民共和国安全生产法》（部分） 156
    2.《中华人民共和国刑法》（部分） 165
    3.《中华人民共和国突发事件应对法》（部分） 167
    4.《中华人民共和国劳动法》（部分） 168
    5.《中华人民共和国民法典》（部分） 170
    6.《中华人民共和国消防法》（部分） 170
    7.《中华人民共和国职业病防治法》（部分） 172
    8.《中华人民共和国特种设备安全法》（部分） 174

9.《生产安全事故应急条例》（部分） 177
10.《生产安全事故应急预案管理办法》（部分） 178
11.《生产经营单位安全培训规定》（部分） 179
12.《最高人民法院、最高人民检察院关于办理危害生产安全
    刑事案件适用法律若干问题的解释》 180

参考文献 184

第1章 绪论

1.1 我国道路交通事故的现状

近年来,随着我国经济社会的快速发展,道路交通设施建设步伐明显加快,机动车保有量持续快速增长,这使得人们出行更加方便快捷、货物运输更加畅通高效,同时也给道路交通秩序与安全带来重大挑战。

1.2 道路交通事故的基本概念与类型、引发因素

1.2.1 交通事故的定义

"交通事故"(traffic accident)是指车辆在道路上因过错或者意外造成人身伤亡或者财产损失的事件。交通事故(以下简称事故)可以是由不特定的人员违反道路交通安全法规造成的,也可以是由地震、台风、山洪、雷击等不可抗拒的自然灾害造成的。

1.2.2 交通事故的构成要素

构成交通事故应当具备下列要素。

① 必须是车辆造成的。车辆包括机动车和非机动车。没有车辆就不能构成交通事故,例如行人与行人在行进中发生的碰撞就不构成交通事故。

② 在道路上发生。道路是指公路、城市道路和虽在单位管辖范围内但允许

社会机动车通行的地方，包括广场、公共停车场等用于公众通行的场所。

③ 在运动中发生。指事件是在车辆行驶或停放过程中发生的。若车辆处于完全停止状态，行人主动去碰撞车辆或乘车人上下车的过程中发生的挤、摔、伤亡的事故，则不属于交通事故。

④ 有事态发生。指有碰撞、碾压、刮擦、翻车、坠车、爆炸、失火等其中的一种现象发生。

⑤ 必须有损害后果的发生。损害后果仅指直接的损害后果，且是物质损失，包括人身伤亡和财产损失。

1.2.3 事故分类

(1) 按后果分类

① 轻微事故，是指一次造成轻伤 1 至 2 人，或者财产损失的数额中机动车事故不足 1000 元，非机动车事故不足 200 元的事故。

② 一般事故，是指一次造成重伤 1 至 2 人，或者轻伤 3 人以上，或者财产损失不足 3 万元的事故。

③ 重大事故，是指一次造成死亡 1 至 2 人，或重伤 3 人以上 10 人以下，或者财产损失 3 万元以上但不足 6 万元的事故。

④ 特大事故，是指一次造成死亡 3 人以上，或者重伤 11 人以上，或者死亡 1 人，同时重伤 8 人以上，或者死亡 2 人，同时重伤 5 人以上，或者财产损失 6 万元以上的事故。

(2) 按原因分类

① 主观原因事故，指交通事故的当事人主观故意或过失造成的事故，主要包括违反规定、疏忽大意、有操作技术等方面的错误行为。

② 客观原因事故，指由于车辆、道路、环境条件（包括气候、水文等）不利因素而引发的交通事故。

(3) 按交通工具分类

① 机动车事故，指在事故当事方中机动车负主要以上责任的事故；但在机动车与非机动车或行人发生的事故中，机动车负同等责任的，也应视为机动车事故。

② 非机动车事故，指畜力车、三轮车、自行车等非机动车辆负主要以上责任的事故。

③ 行人事故，指事故当事方中行人负主要以上责任的事故。

(4) 按发生地点分类

① 城市类

a. 直行事故。市区非主要路口及边远郊区,由于没有安装红绿灯,直行车辆发生事故的概率较大。

b. 追尾事故。多发生在遇红灯急停车时由于前后车距过近而追尾,在雨雾天气追尾事故更为常见。

c. 超车事故。快速车在超慢速车时与对面车相撞,或与突然横穿的行人、骑车人相撞而导致事故。夜间超车时遇对向车炫目灯光,亦常造成事故。

d. 左转弯事故。交叉路口左转弯时,交织点多,车与车、车与人冲突可能性增大,常引发事故。

e. 右转弯事故。巷道的进出口、单位大门的进出口和一些十字路口,是右转弯事故的多发之处。

② 山区类

a. 窄道事故。由于公路等级低,加之塌方、损坏失修,多显路径狭窄。行驶车辆不减速,会车不礼让、抢先行,往往导致事故。

b. 弯道事故。行驶至弯道,倘车速过快、超载或操作失误,易造成事故。

c. 坡道事故。行驶至坡道,常见车前溜或后溜,则该车往往是超载车或"病"车,一旦操作失误,则事故难免。

③ 支线类

a. 会车事故。一般车辆居路中行驶,一旦车速快而会车时不注意礼让,临近才躲避,则往往因来不及避开而相撞。

b. 超车事故。居路中行驶,有一方超车,倘采取措施不及时或操作失误则相撞难免。

c. 停车事故。支线路窄而随意停放的车多,尤其在夜间,一旦停车不开尾灯,或车周边未安置警示物,则过往车辆易与停车相碰撞而导致事故。

1.2.4 事故的引发因素

① 外界客观因素:道路、气象等原因,可引起事故。

② 车况不佳:车辆技术状况不良,尤其是制动系统、转向系统、前后桥有故障而没有及时检查、维修。

③ 疏忽大意:当事人由于心理或者生理方面的原因,没有正确观察和判断外界事物而造成精力分散、反应迟钝,表现为观望不周、采取措施不及时或者不当。或者当事人依靠自己的主观想象判断事物,或者过高估计自己的技术,过分自信,对前方、左右的车辆、行人、道路情况等未判断清楚就盲目通行。

④ 操作失误:驾驶车辆的人员技术不熟练,经验不足,缺乏安全行车常识,

未掌握复杂道路行车的特点，遇到突发情况惊慌失措，发生操作错误。

⑤ 违反规定：当事人不按交通法规和其他交通安全规定行车或者走路，致使交通事故发生。如酒后开车、非驾驶人员开车、超速行驶、争道抢行、违章装载、超员行驶、疲劳驾驶、行人不走人行横道等有违交通法规造成的交通事故。

1.3 道路交通事故理论

1.3.1 道路交通事故致因理论

道路交通事故致因理论是事故致因理论的一个分支，通过对大量交通事故典型案例的研究，揭示形成交通事故相关要素之间的关系，找出交通事故的机理。道路交通事故致因理论的核心是"危险形成-避险失误"机理和"环境-危险"作用律。道路交通事故致因理论可以指导事故调查、事故鉴定，判断交通事故当事人的行为对发生道路交通事故所起的作用，从而比较准确地认定道路交通事故当事人的责任。

1.3.2 海因里希因果连锁理论

二十世纪三十年代，美国的海因里希根据当时工业安全实践总结出一套工业安全理论，并发表在《工业事故预防》一书中，其主要内容之一就是因果连锁理论。海因里希理论中事故因果连锁过程因子分为以下五个。

① 遗传和社会环境：遗传因素可能形成不良性格，负面的社会环境可能妨碍教育，促使性格往先天缺点的方向发展。

② 人的缺点：轻率、偏执、鲁莽、过激、神经质等先天性格缺点，以及缺乏安全知识和技术等后天缺点。

③ 人的不安全行为或物的不安全状态：已经被事实证明是不安全的人的行为和物体的状态，这是造成事故的直接原因。

④ 事故：人、物体、环境之间发生意外作用，使参与方受到伤害和损坏的、失去控制的事件。

⑤ 伤害：由事故产生的直接和间接人体损伤、精神损失和财产损失。

1.3.3 管理失误理论

该理论的核心在于对现场失误的背后原因进行深入的研究。操作者的不安全行为及生产作业中的不安全状态等现场失误，是由企业领导者及事故预防工作人员的管理失误造成的。管理人员在管理工作中的差错或疏忽、企业领导人决策错误或没有做出决策等失误，对企业经营管理及事故预防工作具有决定性的影响。管理失误反映企业管理系统中的问题，它涉及管理体制，即如何有组织地进行管理工作，确定怎样的管理目标，如何计划、实现确定的目标等方面的问题。

1.4 道路交通事故的预防

1.4.1 国省道交通安全管理与事故预防的重点内容

公安交通管理部门开展国省道交通安全管理是体现政府治理能力的重要表现，直接反映了公安交通管理部门的管理水平、服务水平、决策水平以及群众对交通安全管理的满意度，是一项涉及政府、行业、群众的综合性管理实践工作。随着公安部"放管服"政策的不断深入落实和政府职能考评机制的不断健全，国省道交通安全管理也应创新工作模式，从更科学的维度设置交通安全管理工作思路，完善交通事故预防策略。

(1) 建立以系统论为指引的新思路

国省道交通安全管理既涉及以国省道交通安全隐患排查、交通事故多发点（段）确定为重点的过程管理内容，又涉及以交通事故预防工程、交通安全态势综合评价为重点的目标管理内容。这就需要以系统论为指引，建立一套基于事物发展客观规律和交通安全管理实践相适应的管理思路。首先，对国省道交通事故案例进行深度统计分析，找出诱发各类交通事故的直接原因；其次，将交通事故调查得出的结论与公安交通安全管理者实践经验进行有机结合，找出隐藏在诱发国省道交通事故原因背后的深层次交通安全隐患；最后，通过详细溯源将各类交通安全隐患进行具体分类，探寻造成交通安全隐患的初始条件，从而为交通安全管理提供系统、科学、完整的策略和方法。这种由结果向原因反推溯源的思路以数理统计调查为基础，以交通安全隐患排查过程为重点，以公安交通安全管理目标为导向，既符合系统论的基本原理，也符合交通安全管理的实际情况。

(2) 构建以社会化管控为目标的新格局

公安交通管理部门是开展国省道交通安全管理的主管部门,仅仅依靠公安交通管理部门不可能彻底实现交通安全管理的目标。管理与服务、教育与处罚、执法与宣传等方式在开展国省道交通安全管理过程中必不可少。这就需要国省道交通安全管理的社会化,在预防和减少国省道交通事故核心目标的引领下,各级政府承担起交通安全管理的主体责任,政府各部门承担交通安全管理不同环节和步骤的具体管理责任,社会各行业承担起交通安全管理不同阶段和内容的具体服务责任,机动车驾驶人和各类交通参与者承担起交通安全管理不同行为和各类事故的个体责任,从而形成一个完整的责任体系。

(3) 完善以控制论为载体的新体系

国省道交通安全管理的最终目标是减少交通事故、降低交通事故伤亡人数、控制由交通事故引发的其他损害后果。这既包括从行政执法的角度提出的管理措施,又包括从宣传引导的角度提出的服务措施,还包括从交通工程的角度提出相应的技术措施。由此可见,要实现这些交通安全管理目标,就要以控制论为导向,建立一套基于事故结果控制规律的、和交通事故预防策略相适应的新体系。首先,将各类国省道交通安全隐患进行系统分类,从影响交通安全的初始诱因入手进行安全因素管理,实现交通安全隐患的源头管控;其次,在国省道交通安全隐患演化为交通安全危险,甚至在较大概率诱发交通事故的过程中,利用各种执法、管理、服务、诱导等策略和方法,实现交通安全事故的过程管控;最后,在交通事故多发路段和事故多发点,设置各类保护性交通工程设施设备,同时制定健全的事故处理、应急管理、现场急救等机制,实现交通事故损害程度的结果管控。这种以源头、过程、结果管控为核心的交通事故预防体系,兼顾交通事故发生机制的各个环节,既符合控制论的基本要求,也符合交通安全管理的实践和操作。

1.4.2 城市道路交通事故的预防对策

(1) 强化交通安全教育

为了提升城市道路交通事故管理工作的水平,要从宣传内容、宣传方式和宣传范围等方面入手,打造更加合理的教育机制,从而提升广大群众的安全意识。

首先,公安交警部门对文明安全驾驶进行大力度宣传,利用警示片、典型案例等进行集中指导,引导广大驾驶人树立安全认知与意识。其次,要联合电视媒体等拓展宣传范围,并且应用融媒体平台扩大宣传效应,从而深化交通安全宣传教育工作的效果。利用道路交通灯设置对应的大屏幕，确保车辆在等红灯的过程中也能了解交通事故的典型案例和安全警示片内容，形成良好的社会风气。最后，联合学校、社区、网站、企业等建立针对性宣传方案，打造全民交通安全教育模式，维护城市道路交通事故管控工作的综合水平，实现安全出行的目标。

除此之外，近几年驾驶人征信体系的建设也受到了广泛关注。要将驾驶人违法问题、记分情况和事故情况等基础信息和征信系统联动起来，从而提升人们对驾驶安全的关注度，使驾驶人在驾驶过程中全面落实安全文明驾驶工作，从根本上减少交通事故的发生概率。

（2）提高汽车安全性能

在科学技术不断发展的时代背景下，除了要对人们进行交通安全教育工作外，也要从车辆源头落实相应的安全处理工作，确保能借助相应的技术方案提升汽车的安全运行性能水平。现代车辆多数都安装了预警报警系统和车辆防侧滑体系，在技术全面整合的模式中，自动刹车技术也成为了研究对象。要从车辆设计方面探索更加安全有效的行车技术，从根本上提高安全气囊的安全应用性能，一定程度上减少车辆安全事故的发生概率。

（3）优化城市道路交通安全设计

其一，要强化道路的设计模式，秉持安全理念，提升具体设计水平。需要注意的是，道路的整体线形结构、路面质量以及坡度参数都会对交通安全产生影响，所以，要结合道路的应用要求完善设计工作。道路的规划布局要广泛征求意见和评审明细，在收集公安交管部门意见的同时，保证道路设计能在满足国家规范性标准的条件下，更好地发挥作用。

其二，要建构滚动式的排查治理机制。这是因为道路质量安全的影响因素较多，其中，后期使用的破坏作用、损坏隐患等都会制约其应用效果。因此，相关部门要及时关注道路安全水平，确保能依据路段的实际情况践行防护机制，及时发现隐患问题，及时排查，提升安全防护工作的综合质量。

（4）强化道路监督与勘查

为了从根本上提高道路安全出行的水平，就要强化道路环境监测工作，确保能及时对威胁道路交通安全的灾害性天气予以预报，并且从根本上维护道路的应用效果和交通特性，打造更加合理的道路监督和勘查方案。在道路勘查工作中，要对不同天气下保证驾驶人员安全驾驶的情况进行预案处理和演练，从而避免安全事故的发生。例如，若是遭遇大雨天气，路面较为湿滑，此时紧急制动会出现侧滑或者甩尾等问题，交通事故频发，相关部门就要在宣传机制全面到位的同时，指导驾驶人尽量减少紧急制动等不安全操作，并且及时清理路面。

另外，有效地维护道路通畅也是提升道路交通安全程度的重要方式。交通量和交通畅通程度呈现出负相关的关系，但是和交通事故率呈现的则是正相关的关系，也就是说，交通量增大就会提升交通事故的发生概率，只有尽量采取合理性的交通疏导和路面监督才能减少大量的拥堵问题。近几年，智能交通系统（ITS）的应用在一定程度上改善了城市道路交通的水平，在降低交通事故伤亡率的同时，也为建构更加人性化、现代化的管控体系提供了保障。除此之外，相关部门也要结合道路交通安全要求和规范进行道路绿化的处理，不仅能美化环境，改善城市的整体风貌，还能发挥道路的空间特性，从而保证驾驶人员维持良好的视距，为交通安全提供保障。

(5) 强化路面交通执法

路面交通执法工作中要想发挥其实效性，就要加大监督管理力度和水平，借助不同的手段和技术方式提高对路面交通违规现象的监督效果。

首先，要结合实际情况落实现场处罚的机制，主要是指交警在交通违规的现场对违法行为进行集中的查处和行政处罚。需要交警结合实际情况对违法行为以处罚的方式促进其改正，减少替换处罚或者弄虚作假等现象。并且，要秉持处罚和教育并行的原则，确保普法工作也能落实到位。只有结合查处的时间、地点，完善灵活性现场处罚控制工序，才能更好地提高处罚的针对性，为全面优化路面交通执法提供保障。

其次，要结合实际情况合理安排非现场处罚，即借助电子设备对驾驶人的违规行为予以记录，要求驾驶人事后到交警部门接受相应的行政处罚。这种方式要想更好地发挥其实际价值，就要在一定程度上提高违法行为的处理广度，针对违法抓拍范围进行升级。另外，要提升处罚工作的效率和针对性，确保能建构完整的非现场处罚流程，提升处罚效果，从而避免驾驶人因为没有受到现场处罚而放松警惕。

第 2 章
道路交通事故调查

2.1 道路交通事故的报告及处理程序

2.1.1 道路交通事故报告程序

参照《生产安全事故报告和调查处理条例》的规定:

第九条 事故发生后,事故现场有关人员应当立即向本单位负责人报告;单位负责人接到报告后,应当于1小时内向事故发生地县级以上人民政府安全生产监督管理部门和负有安全生产监督管理职责的有关部门报告。

情况紧急时,事故现场有关人员可以直接向事故发生地县级以上人民政府安全生产监督管理部门和负有安全生产监督管理职责的有关部门报告。

第十条 安全生产监督管理部门和负有安全生产监督管理职责的有关部门接到事故报告后,应当依照下列规定上报事故情况,并通知公安机关、劳动保障行政部门、工会和人民检察院:

(一)特别重大事故、重大事故逐级上报至国务院安全生产监督管理部门和负有安全生产监督管理职责的有关部门;

(二)较大事故逐级上报至省、自治区、直辖市人民政府安全生产监督管理部门和负有安全生产监督管理职责的有关部门;

(三)一般事故上报至设区的市级人民政府安全生产监督管理部门和负有安全生产监督管理职责的有关部门。

安全生产监督管理部门和负有安全生产监督管理职责的有关部门依照前款规定上报事故情况,应当同时报告本级人民政府。国务院安全生产监督管理部门和负有安全生产监督管理职责的有关部门以及省级人民政府接到发生特别重大事故、重大事故的报告后,应当立即报告国务院。

必要时，安全生产监督管理部门和负有安全生产监督管理职责的有关部门可以越级上报事故情况。

第十一条　安全生产监督管理部门和负有安全生产监督管理职责的有关部门逐级上报事故情况，每级上报的时间不得超过2小时。

2.1.2　道路交通事故调查处理一般程序

道路交通事故调查处理一般程序如图2-1所示。

2.2　道路交通事故调查的管辖权与调查、认定的基本原则

2.2.1　管辖权（法院）

(1) 被告住所地人民法院管辖

按照最高人民法院的司法解释和《中华人民共和国民法典》的规定，住所是指自然人以户籍登记或者其他有效身份登记记载的居所；经常居所与住所不一致的，经常居所视为住所。

(2) 侵权行为地人民法院管辖

侵权行为地包括侵权结果发生地和侵权行为发生地，按照最高人民法院的司法解释的规定，上述法院均有权力受理交通事故案件。

当侵权行为发生地和侵权结果发生地与原告住所地一致时，原告住所地法院也有管辖权。

2.2.2　管辖权（执法）

《道路交通事故处理程序规定》规定：

第九条　道路交通事故由事故发生地的县级公安机关交通管理部门管辖。未设立县级公安机关交通管理部门的，由设区的市公安机关交通管理部门管辖。

第十条　道路交通事故发生在两个以上管辖区域的，由事故起始点所在地公安机关交通管理部门管辖。

对管辖权有争议的，由共同的上一级公安机关交通管理部门指定管辖。指定管辖前，最先发现或者最先接到报警的公安机关交通管理部门应当先行处理。

第 2 章 道路交通事故调查

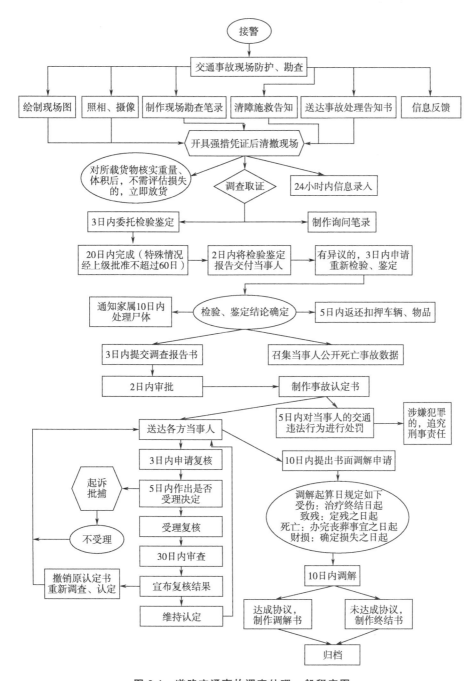

图 2-1 道路交通事故调查处理一般程序图

第十一条 上级公安机关交通管理部门在必要的时候，可以处理下级公安机关交通管理部门管辖的道路交通事故，或者指定下级公安机关交通管理部门限时将案件移送其他下级公安机关交通管理部门处理。

案件管辖权发生转移的,处理时限从案件接收之日起计算。

第十二条 中国人民解放军、中国人民武装警察部队人员、车辆发生道路交通事故的,按照本规定处理。依法应当吊销、注销中国人民解放军、中国人民武装警察部队核发的机动车驾驶证以及对现役军人实施行政拘留或者追究刑事责任的,移送中国人民解放军、中国人民武装警察部队有关部门处理。

上道路行驶的拖拉机发生道路交通事故的,按照本规定处理。公安机关交通管理部门对拖拉机驾驶人依法暂扣、吊销、注销驾驶证或者记分处理的,应当将决定书和记分情况通报有关的农业(农业机械)主管部门。吊销、注销驾驶证的,还应当将驾驶证送交有关的农业(农业机械)主管部门。

2.2.3 事故调查的原则

事故调查处理中应当按照科学严谨、依法依规、实事求是、注重实效的原则,及时、准确地查清事故原因,查明事故性质和责任,评估应急处置工作,总结事故教训,提出整改措施,并对事故责任单位或人员提出处理建议。

事故调查工作必须坚持以下原则。

(1) 实事求是的原则

实事求是,是唯物辩证法的基本要求。事故调查工作必须坚持实事求是,坚决克服主观主义,保证做到客观、公正。一是必须全面、彻底查清道路交通事故的原因,不得夸大事故事实或者缩小事故事实,更不得弄虚作假;二是在认定事故性质、分析事故责任时一定要从实际出发,要在查明事故原因的基础上,根据实际情况明确事故责任;三是在提出对事故责任者的处理意见时,一定要实事求是,不得从主观出发,不能感情用事,要坚持以事实为依据,以法律为准绳,要根据事故责任划分,按照法律、法规和国家有关规定对事故责任人提出处理意见;四是总结事故教训、落实事故整改措施要实事求是,总结教训要准确、全面,落实整改措施要坚决、彻底。

(2) 尊重科学的原则

尊重科学,是事故调查工作的客观规律。道路交通事故调查工作具有很强的科学性和技术性,特别是事故原因的调查,往往需要做很多技术上的分析和研究,利用很多技术手段。尊重科学,一是要有科学的态度,不主观臆想,不轻易下结论,防止个人意识主导,杜绝心理偏好,努力做到客观、公正;二是要特别注意充分发挥专家和技术人员的作用,把对事故原因的查明及事故责任的分析、认定建立在科学的基础上。

2.2.4 事故认定原则

《中华人民共和国道路交通安全法实施条例》规定："公安机关交通管理部门应当根据交通事故当事人的行为对发生交通事故所起的作用以及过错的严重程度，确定当事人的责任。"认定交通事故责任，必须依法确认事故中各方当事人的法定义务；依法确认各方当事人法定义务的优先原则；确认各方当事人的行为在交通事故中的作用和过错的严重程度；根据各方当事人的行为在交通事故中的作用和过错的严重程度确认不同的交通事故责任。

交通事故认定五大原则如下。

(1) 行为责任原则

如果当事人对某一起交通事故负有责任，则必定因其行为引起，没有实施行为的当事人不负事故责任。

交通事故责任认定是过错认定原则。确定当事人的责任分两方面：当事人的行为对发生交通事故所起的作用（即有因果关系的行为在事故中所起的作用），过错的严重程度。其中"过错的严重程度"是以"当事人的行为"为前提的。在认定交通事故责任时，先看"当事人的行为对发生交通事故所起的作用"，然后确定该行为"过错的严重程度"。

(2) 关联性原则

① 因果关系原则

当事人存在违法行为，是否一定在事故中起作用？违法的严重程度与在事故中的作用可能并不成"正比"。比如有些行为并不违法，但在事故中也起到了作用，也有些违法行为很严重，但在事故中并未起作用（行为与该事故的发生没有因果关系，也没有加重事故后果）。同样，交通事故当事人的某些违法行为也不一定是导致事故的原因。要确定交通事故当事人的责任，其行为必须与事故有因果关系。交通事故认定是技术认定，在确定行为与事故因果关系时，只需要确定行为人的行为是否事实上属于事故的原因即可。

事实上原因的检验方法，可以借鉴侵权行为法中的因果关系理论，采取必要条件规则。按照必要条件规则，凡构成后果发生之必要条件的情况，均为事实上的原因。其检验方法有：

第一，"如果没有"检验法。如果没有行为人的行为，交通事故及损害结果仍会发生，行为人的行为就不是事故的原因；反之，如果没有行为或事件的出现，就不会有损害事实的发生，行为或事件就是交通事故发生的必要条件。凡属于损害事实发生的必要条件的行为或事件均系事实因果关系中的原因。

第二，剔除法。如果将行为人的行为从交通事故事实中剔除出去，事故仍会按原来的因果序列和方式发生,则行为人的行为与事故的发生和损害结果之间没有因果关系;反之,则构成事实上原因。

第三,代换法。如果把行为人的行为换成一个无过错的行为,或者把他的不作为换成一个适当的作为以后,交通事故及损害结果仍然会发生,则行为人原来的行为就不是事故发生的原因;反之则构成事实上的原因。必要条件规则最显著的特点是"即使行为不发生,结果无论如何都会发生,那么行为就不是结果的事实原因"。这源于由果追因的思维逻辑。

第四,因果关系的推定规则。在某些情况下,运用通常的规则无法证实事实因果关系,法律规定了特殊的认定规则,这里包括因果关系的推定规则。该规则要求责任人举证证明应当由其承担责任的行为或事件不是造成损害结果发生的原因,如果不能举证的,则认定有事实上的因果关系。这样的规定也是采用了因果关系的推定规则。《中华人民共和国道路交通安全法》(以下简称《道路交通安全法》)第七十六条认为:"机动车与非机动车驾驶人、行人之间发生交通事故,非机动车驾驶人、行人没有过错的,由机动车一方承担赔偿责任;有证据证明非机动车驾驶人、行人有过错的,根据过错程度适当减轻机动车一方的赔偿责任;……交通事故的损失是由非机动车驾驶人、行人故意碰撞机动车造成的,机动车一方不承担赔偿责任。"除了能够证明损害是由受害人自己故意造成的,否则就认为行为与结果具有因果关系,侵权人或相关事件及行为的责任人即应当承担民事责任。

② 直接原因原则

行为人的行为是实实在在地足以引起交通事故及损害后果发生的因素,它就构成事实上原因,即直接原因。交通事故认定作为技术认定,应载明事故发生的直接原因。交通事故认定只是证据之一,在认定交通事故责任时,应从技术的角度出发,认定直接行为人的责任,而不须考虑应承担相关法律责任人的事故责任。

(3) 路权原则

路权原则即各行其道原则。各行其道原则是交通安全的重要保证,是交通参与者参与交通的基本原则。在交通事故认定中如何体现各行其道的原则,应考虑以下几个方面。

① 借道避让原则

各行其道要求交通参与者必须按照法律法规的规定各行其道。为了合理利用交通资源,在法律法规允许的情况下,交通参与者可以借用非其专用的道路通行。当然,法律法规明令禁止的除外,如高速公路禁止非机动车和行人通行。交通参与者实施借道通行时,有可能与被借道路本车道的参与者产生冲突点,为保证安全,必须明确谁有义务主动防止冲突的发生。借道避让原则在调整交通行为和交通事故认定中仍应起到规范性作用。

② 行人借道通行的特殊原则

既然确定了借道避让原则，对此类事故的认定思路已经有一定的概念，即借道通行者应较本道通行者承担更多的安全义务。但此原则存在特殊性。《道路交通安全法》第四十七条规定："机动车行经人行横道时，应当减速行驶；遇行人正在通过人行横道，应当停车让行。机动车行经没有交通信号的道路时，遇行人横过道路，应当避让。"《道路交通安全法》第六十二条规定："行人通过路口或者横过道路，应当走人行横道或者过街设施；通过有交通信号灯的人行横道，应当按照交通信号灯指示通行；通过没有交通信号灯、人行横道的路口，或者在没有过街设施的路段横过道路，应当在确认安全后通过。"人行横道是保护行人横过道路的通行区域，机动车遇行人通过人行横道时，负有避让行人的义务。行人在没有交通信号的路段横过机动车道时，虽属借道通行，但在此情况下，机动车有避让行人的义务，同时行人也有确保安全的义务。这是行人在没有交通信号控制的路段横过道路的特殊通行规定，也是《道路交通安全法》以人为本指导思想的具体体现，充分表现出重点保护弱者的特点。

(4) 安全原则

① 合理避让原则

交通事故的形态千变万化，事故原因多种多样。交通参与者在享受通行权利的同时，如遇他人侵犯己方的合法通行权，必须做到合理避让，主动承担维护安全的义务。如果发生了交通事故，应怎样分析双方的行为在事故中所起的作用呢？事故责任的划分，先确定一方已违反了通行规定，后分析另一方如何处置，再以事故发生时双方是否尽到了安全义务来衡量双方行为的作用并划分责任。

第一，一方存在过错，其行为影响了另一方的交通安全，这是运用合理避让原则的基本条件。如果一方没有过错或即使有过错但行为没有影响另一方的交通安全，则不适用此原则。

第二，被妨碍安全一方应该发现危险的存在却未发现，则未尽到符合其交通参与者身份的一般注意义务。在尽到了一般注意义务，能够发现危险存在的，视为应当发现，反之视为不应当发现。

第三，如果被妨碍安全一方尽到了符合其身份的一般义务要求，能够采取有效的避让措施但没有采取或没有采取正确的措施，则适用本原则，反之不适用。

第四，被妨碍安全一方虽有条件采取措施避让妨碍安全一方，但其所采取的措施不应妨碍第三方的交通安全；如果会对正常参与交通的第三方产生危险的，不适用本原则。

一般来说，以各行其道原则划分事故责任相对比较简单，因为此类事故的路面痕迹及车辆停放位置通常能够相对客观地反映当事人的行为。而根据合理避让原则，直接证据取证比较困难。虽然大多数交通事故都是民事侵权案件，但与其他民事侵权案件存在着不同，交通事故多在动态运行中发生，交通事故中各方当事人的相互作用性较其他民事侵权案件强。为使每一个交通参与者都建立维护交通安全的意识，用合理避让原则划分交通事故责任有其合理性。

② 合理操作原则

合理操作原则为：交通参与者在参与交通运行时，为了保证交通安全，应主动杜绝一些法律法规未禁止，但有可能存在安全隐患的行为。如果实施了上述行为且造成了交通事故，应负事故责任。

《道路交通安全法》第二十二条第一款规定："机动车驾驶人应当遵守道路交通安全法律、法规的规定，按照操作规范安全驾驶、文明驾驶。"首先，每个交通参与者在参与交通运行时，都有自己的操作习惯，一些习惯存在着危害交通安全的隐患，而法律不可能列举在参与交通运行时可能出现的所有行为。其次，再完善的法律也难以对全部交通行为作出无遗漏的规定。在法律实施后，社会上会出现新的事物参与到道路交通运行中，这些新事物也许存在危害交通安全的隐患。使用合理操作原则认定交通事故责任，应着重考虑"虽未违法，但存在交通过错"的行为。

(5) 结果责任原则

行为人的行为虽未造成交通事故，但加重了事故后果，应负事故责任，即结果责任原则。确定该原则主要原因有以下两个方面。

第一，技术认定的客观性。从技术的角度出发，造成交通事故的原因可分为发生原因和结果原因两种，这两种原因共同导致了交通事故的结果。严格来说，这两类原因在交通事故中的作用和地位有一定的区别。发生原因是主动打破交通平衡环境的因素，有一定的主动性。结果原因是在外在因素的作用下，才能造成结果的因素，有一定的受动性。这两类原因并不是完全孤立的，有时一种原因既含有发生因素也含有结果因素。比如，货车超载运输硫酸，该车在转弯时，驾驶员因车辆超载而不能有效控制，致使该车占用对向车道，与对向车辆碰撞，此时超载表现为发生原因。由于车辆超载、捆绑不牢固，硫酸罐落下地面后摔裂，硫酸泄漏腐蚀车辆和路面，超载在此表现为结果原因。一般认为，发生原因的作用大于结果原因，但发生原因和结果原因在一起事故中的作用方式不尽相同，在事故中的作用大小也不能一概而论，必须从实际出发，在充分调查取证的情况下综合考虑。交通事故认定是全面、客观反映交通事故成因的技术认定，应该客观、科学、公正地表述事故成因。作为证据，当事人的过错客观地造成了事故后果或是造成后果的原因之一，有过错的当事人就应该负事故责任。

第二，增强交通参与者维护交通安全的意识。交通环境是一个复杂的大系统，交通参与者是其中的子系统，为了维护大系统的正常运转，子系统必须要正常运转，这要求每一个交通参与者都必须自觉遵守交通法律法规。任何一个违反交通法律法规的行为，都存在影响交通环境正常运转和导致交通事故发生的隐患。为了保障交通安全，任何人在参与交通时都要自觉遵守交通法律法规。同时，对违反交通法律法规，违法行为是加大事故后果原因的违法者，认定事故责任是非常必要的。

2.3 道路交通事故调查处理的内容

2.3.1 交通事故调查的数据

① 表征交通事故状况的数据，如交通事故发生次数、受伤人数、死亡人数、经济损失、万车死亡率、10万人死亡率、安全度等。

② 表征交通事故发生条件的数据，如交通事故发生的地点、时间，现场的道路几何参数、路面状况、行驶车速、车辆的性能参数等。

③ 表征交通事故环境条件的数据，如人口数、机动车保有量、驾驶员数量、交通流量、交通违章数量、道路里程、路网密度、交通设施密度等。

④ 表征交通管理条件的数据，如警力配置、勤务管理、纠正违章、交通管制、安全设施等。

2.3.2 交通事故调查的项目

根据职责分工、调查目的的不同，可分为如下几个方面。

(1) 交通事故现场勘查

交通事故现场勘查记录需包括如下内容。

① 接到报案的时间，事故发生和发现的时间、地点以及报案人的基本情况；

② 现场保护人员的基本情况、现场保护措施及发现的情况；

③ 现场勘查的时间、地点及周围的情况；

④ 现场的类型、有无变动及异常情况；

⑤ 现场丈量记录（包括伤、亡、车辆和其他物质损失情况，痕迹的详细情况，提取的痕迹、物证的名称、数量等）；

⑥ 现场照片与现场图；

⑦ 现场技术鉴定材料（包括车辆技术鉴定、道路鉴定、尸体检验等）。

(2) 交通事故成因调查

① 交通事故当事人调查；

② 交通事故车辆调查；

③ 交通事故地点道路与环境调查；

④ 交通事故成因分析。

(3) 交通安全专项调查

① 区域交通安全调查；

② 交通事故多发地点调查；

③ 肇事逃逸调查等。

2.3.3 交通安全调查数据的来源

交通安全调查数据大部分来自公安交通管理部门的事故统计数据。交通事故信息采集的项目包括以下内容。

① 行政区划代码、事故编号；

② 交通事故发生的时间：交通事故发生的年、月、日、时、分、星期；

③ 交通事故发生的地点：路名、路号、里程数；

④ 路面宽度：双向、单向；

⑤ 死伤人数：死亡、受伤人数；

⑥ 损坏车辆数量：机动车损坏数量、非机动车损坏数量；

⑦ 直接经济损失折款；

⑧ 交通事故分类：特大事故、重大事故、一般事故、轻微事故；

⑨ 交通事故主要原因：机动车原因、机动车驾驶员原因、非机动车驾驶人原因、行人乘车人原因、道路原因、其他原因；

⑩ 天气情况：雨、雪、雾、晴、大风、阴、其他；

⑪ 交通事故的形态：正面相撞、侧面相撞、尾随相撞、对向刮擦、同向刮擦、碾压、翻车、坠车、失火、撞固定物、其他；

⑫ 现场情况：原始现场、变动现场、逃逸现场、无现场；

⑬ 交通事故现场的地形：平原、丘陵、山区；

⑭ 现场路面情况：潮湿、积水、浸水、冰雪、泥泞、翻浆、泛油、坑槽、塌陷、路障、平坦、其他；

⑮ 路面类型：沥青、水泥、砂石、土路、其他；

⑯ 道路横断面形式：混合式、分向式、分车式、分车分向式；

⑰ 路口、路段类型：三枝分叉口、四枝分叉口、多枝分叉口、环形交叉、立体交叉、铁路道口；隧道、桥梁、窄路、高架道路、变窄路段、正常、其他；

⑱ 道路线形：一般弯道、一般坡道、急弯、陡坡、一般弯坡、急弯陡坡、一般坡急弯、一般弯陡坡、平直；

⑲ 道路类型：高速公路、一级公路、二级公路、三级公路、四级公路、等外公路，快速路、主干路、次干路、支路、其他路；

⑳ 交通控制方式：民警指挥、信号灯控制、标志标线、民警及信号灯、信号灯及标志标线、其他安全设施、无控制；

㉑ 照明条件：白天、夜间有路灯照明、夜间无路灯照明；

㉒ 当事者姓名：当事者的姓名；

㉓ 当事者性别：当事者的性别；

㉔ 当事者年龄：当事者的年龄；

㉕ 单位或住址：当事者的单位或住址；

㉖ 驾驶证号、居民身份证号：当事者的驾驶证号、居民身份证号；

㉗ 驾龄；

㉘ 驾驶证档案号；

㉙ 机动车牌号；

㉚ 伤害程度：死亡、重伤、轻伤、无伤、失踪；

㉛ 人体损伤部位：头部、上肢、下肢、胸背部、腹腰部、多部位、其他；

㉜ 驾驶证种类：正式驾驶证、学习驾驶证、临时驾驶证；

㉝ 车辆保险情况：当事者车辆有无保险；

㉞ 驾驶机动车人员类型：职业驾驶员、非职业驾驶员、非驾驶员；

㉟ 交通方式：驾驶汽车、驾驶摩托车、驾驶电车、驾驶拖拉机、驾驶挂车、驾驶专用机械车、驾驶农用运输车、驾驶非机动车、其他（步行、乘车等）；

㊱ 出行目的：工作出行、生活出行；

㊲ 机动车损坏程度：报废、严重损坏、一般损坏、轻微损坏、无损坏；

㊳ 人员类型；

㊴ 行驶状态：直行、倒车、掉头、停车、左转弯、右转弯、变更车道、躲避障碍、驶离路面、其他；

㊵ 单位所属行业：企业、事业、机关团体、军队、武警、个体、农业、外国驻华机构、无业、其他；

㊶ 其他伤亡人员：其他伤亡人员的姓名、性别、年龄、类型、伤害程度、交通方式、出行目的。

2.4 道路交通事故调查基本步骤

2.4.1 事故调查步骤（宏观）

根据《生产安全事故报告和调查处理条例》规定：

第十九条 特别重大事故由国务院或者国务院授权有关部门组织事故调查组进行调查。

重大事故、较大事故、一般事故分别由事故发生地省级人民政府、设区的市级人民政府、县级人民政府负责调查。省级人民政府、设区的市级人民政府、县级人民政府可以直接组织事故调查组进行调查，也可以授权或者委托有关部门组织事故调查组进行调查。

未造成人员伤亡的一般事故，县级人民政府也可以委托事故发生单位组织事故调查组进行调查。

第二十条 上级人民政府认为必要时，可以调查由下级人民政府负责调查的事故。

自事故发生之日起30日内（道路交通事故、火灾事故自发生之日起7日内），因事故伤亡人数变化导致事故等级发生变化，依照本条例规定应当由上级人民政府负责调查的，上级人民政府可以另行组织事故调查组进行调查。

第二十一条 特别重大事故以下等级事故，事故发生地与事故发生单位不在同一个县级以上行政区域的，由事故发生地人民政府负责调查，事故发生单位所在地人民政府应当派人参加。

2.4.2 事故调查步骤（微观）

《道路交通事故处理程序规定》规定：

第二十七条 除简易程序外，公安机关交通管理部门对道路交通事故进行调查时，交通警察不得少于二人。

交通警察调查时应当向被调查人员出示《人民警察证》，告知被调查人依法享有的权利和义务，向当事人发送联系卡。联系卡载明交通警察姓名、办公地址、联系方式、监督电话等内容。

第三十二条 交通警察应当对事故现场开展下列调查工作：

(一) 勘查事故现场,查明事故车辆、当事人、道路及其空间关系和事故发生时的天气情况;

(二) 固定、提取或者保全现场证据材料;

(三) 询问当事人、证人并制作询问笔录,现场不具备制作询问笔录条件的,可以通过录音、录像记录询问过程;

(四) 其他调查工作。

2.5 道路交通事故原因分析

2.5.1 人的因素

交通是人类生存的四大根本需求之一,在道路交通事故中人的因素起着决定性作用,许多交通事故都是由于人的原因造成的,要抓好道路交通事故预防就必须抓住对人的教育和管理,所以说交通事故没有人的参与就谈不到交通事故。

人是道路交通安全的主体,包括所有道路使用者,如机动车驾驶员、乘车人、骑自行车人、行人等。道路交通事故的发生,有的是因机动车驾驶员的疏忽大意、违章行驶、操作失误所致;有的是因行人、非机动车驾驶员不遵守交通规则所致。随着社会的发展,交通活动的频繁,人与车、车与车之间的交通冲突机会增加。另外,由于人们受生活环境、作业环境、社会环境的影响以及人的心理素质、生理条件的制约,人的自由度很大,可靠性与机械相比是很差的,交通事故发生概率自然增加。同时,人们的传统交通观念、出行习惯的沉积虽有所改变,但在短期内难以有较大的转变。人们群体文化素质不高及其提高速度与快速发展的交通事业之间不协调,交通意识转变速度与道路交通的发展、机动化水平的提高、交通管理的要求不协调,以及与交通管理的新技术、新手段不协调,这些都成为困扰交通安全的主要因素。最为突出的就是机动车驾驶员引发的事故,直接影响到我国的道路交通安全。

① 从驾驶员方面分析。机动车驾驶员数量以及增长速度过高,群体文化素质不高,安全驾驶技术水平不高,部分驾驶员缺乏职业道德,交通违法行为严重,是发生交通事故的重要原因。

驾驶员在行车过程中注意力分散、过度疲劳、休息不充分、睡眠不足、酒后驾车、身体健康状况欠佳等潜在的心理、生理性原因,会造成其反应迟缓而酿成交通事故。

引发交通事故及造成损失的驾驶员主要违规行为包括疏忽大意、超速行驶、措施不当、违规超车、不按规定让行这 5 个因素。其中疏忽大意、措施不当与驾驶员的驾驶技能、观察外界事物能力及心理素质等有关,而超速行驶、违规超车、不按规定让行则主要是驾驶员主观上不遵守交通法规或过失造成的。

驾驶员驾驶技术生疏,情绪不稳定,也会引发交通事故。同时,驾龄在 2~3 年、4~5 年的驾驶员发生交通事故次数较多,死亡人数较多,而驾龄为 1 年的驾驶员人数在驾驶员总数中虽不占优势,但造成损失的比例却是最大的。

② 从骑自行车人分析。不走非机动车道,抢占机动车道;路口、路段抢行猛拐;对来往车辆观察不够;自行车制动系统失灵或根本就没有;骑车技术不熟练;青少年骑车追逐嬉戏等行为均可造成交通事故。

③ 从行人分析。不走人行横道、地下通道、天桥;翻越护栏、横穿和斜穿路口;任意横穿机动车道,翻越中间隔离带;青少年或儿童突然跑到道路上,对突然行进的车辆反应迟缓、不知所措;不遵守道路交通信号及各种标志等行为均可导致交通事故。

2.5.2 车辆因素

车辆是现代道路交通中的主要元素,影响汽车安全行驶的主要因素是转向、制动、行驶和电气四个部分。我国机动车种类多,动力性能差别大,安全性能低,管理难度大。机动车在长期使用过程中处于各种各样的环境,承受着各种应力(如外部的环境应力、内部功能应力和运动应力),以及汽车、总成、部件等由于结构和使用条件(如道路气候、使用强度、行驶工况等)的不同,汽车技术状况参数将以不同规律和不同强度发生变化(或性能参数劣化),导致机动车的性能不佳、机件失灵或零部件损坏,最终成为造成道路交通事故的直接因素。

我国机动车(各种汽车、农运三轮、装载车与摩托车)拥有量增长迅速,数量激增的机动车已成为现代社会经济发展和提高人民生活质量的标志之一。机动车拥有量增加速度已超过了道路的增长速度,使得本来不宽裕的路面雪上加霜,使交通事故绝对数和交通事故伤亡人数上升。此外我国高速公路建设步伐比较快,而车辆性能更新速度还未能跟上高速公路的建设步伐,车辆高速行驶可靠性、安全性差,导致我国高速公路交通事故有增长的趋势。

车辆增长的势头居高不下,特别是一些人图便宜购买一些大城市淘汰的、已近报废的车辆,使得交通安全形势变得复杂。有些本地的不符合标准、安全技术检测状况差以及报废的车辆仍在行驶,有些个体户的出租车昼夜兼程、多拉快跑、只用不修，导致车辆技术性能差、故障多，机件很容易失灵，从而引发交通事故。

2.5.3 道路因素

道路是交通运输的基础设施，是影响道路交通安全的重要因素之一。我国道路建设逐步加大，公路里程增加，高等级公路增加幅度明显，交通客货用量增加，道路结构和交通条件日益改善，为道路交通安全改善打下了基础。但是，部分城市道路交通构成不合理，交通流中车型复杂，人车混行、机非混行问题严重；部分地方公共交通不发达，服务水平低，安全性差；自行车交通比率大，骑车者水平不一，个性不同，非机动车与机动车和行人争道抢行；无效交通如空驶出租车较多、私人车辆增加。这些无疑恶化着城市的交通安全状况。

一些城市道路结构不合理，直线路段过长、道路景观过于单调，容易使驾驶员产生疲劳感、注意力分散，致使其反应迟缓而肇事。汽车的转弯半径过小，易发生侧滑。驾驶员的行车视距过小，视野盲区过大；线形的骤变、"断背"曲线等线形的不良组合，易使驾驶员产生错觉，操作不当而酿成事故。

另外，路面状况对交通安全影响也较大。道路等级搭配不科学，路网密度不足，交通流不均衡，个别道路交通负荷度过大，交通安全性差；道路建设方面缺乏有效的交通影响分析，缺乏足量配套的设施、交通管理措施、停车设施等，容易形成交通安全隐患。

我国道路基础设施建设速度低于交通需求的发展速度，有的道路的设计要求与实际运行状况不协调；一些地区道路线形、道路结构、道路设施不一，客观上给过境车辆的驾驶员适应交通环境带来难度；道路标志标线设置不科学、数量不足、设置不连续；道路周边的环境建设和配套设施建设没有与交通安全融为一体，设计标准和实际不协调。所有这些必然会导致交通事故层出不穷。

2.5.4 经济因素

我国属于发展中国家，面积大、人口多，国家经济水平并不发达，东西部经济发展不平衡，经济的增长给交通安全带来了一些负面的影响。

由于经济的快速发展，刺激了交通需求的增长，使交通需求与供给矛盾加剧，给我国的交通设施带来巨大压力。快速的经济增长也影响了局部地区的交通安全，我国东部省份与沿海经济发达省份（像江苏、浙江、山东、广东等）的交通事故就比较多，这主要是因为当地的交通需求旺盛，交通活跃造成的。这些地区的经济条件相对发达,处于国家经济的最前沿,交通设施较齐全,交通流量大,导致交通事故频发。相反,我国大部分地区属于内陆,在这些地方经济发展相对缓慢,交通需求量相对较小,交通设施还不够完善,交通流量小,交通事故相对较少。

另外,随着经济的好转,农村的生产力水平亦不断提高。能够田间作业,也能代步和运输的"三栖"型交通工具数量急剧增长,特别是农用运输车发展迅速,已成为农民上山下田、走亲访友、进城赶集的主要交通工具,致使通往农村的公路上畜力车不断减少,机动车急剧增多。但部分农村管理机制滞后,个别管理部门也是人少力薄,加上一部分农民本来文化及法律意识就不足,多种有意、无意的拒管、抗税、逃费等行为,导致道路交通事故频频发生。

2.5.5　管理因素

由于交通管理不足而造成交通事故的主要表现如下。
① 警力严重不足,整体执法水平不高。
② 道路交通设施欠缺。
③ 交通科学技术管理落后,科技含量不高。
④ 群防群治、综合治理、社会化管理交通的各种措施没有落实。
⑤ 各有关部门在管理、立法、规划等方面,缺少严密和长期的合作。
⑥ 管理决策者的思想观念不适应。

社会的发展、科技的进步,给交通管理带来了新局面。交通安全管理涉及的部门较多,工作责任分散,道路规划、设计、建设、维护、管理等方面分属不同的部门,各部门之间缺乏统一的交通安全指导目标,各环节之间的不协调增加了道路潜在的安全隐患。道路交通安全工作出现"三多三少"的现象,即:面上管理多,源头管理少;上路执勤多,深入到单位宣传少;经济处罚多,实际教育少。管理滞后于存在,虽然说是道路交通管理的一般规律,但严重滞后于道路交通存在,必然导致交通事故的严重化趋势。

机动车管理与驾驶员管理不严格,增加了交通事故的源头。部分地方车辆检验、牌照管理、年度审核和车辆报废制度执行不严;机动车驾驶员培训及其再教育、管理和监督方面不完善以及执法不严;机动车和驾驶员异地管理难度较大,监管不力,不能实现对车辆和驾驶员跟踪管理。这些问题间接增加了交通事故的源头。此外,我国交通管理人员素质、文化水平和管理水平参差不齐,部分人员交通安全管理水平低,一些部门缺乏与交通管理需求以及所应用新技术、新手段相适应的知识型、综合型的管理人员。

交通秩序不良恶化了道路交通安全状况，部分城市道路拥堵日益严重，尤其是东部沿海地区，交通秩序混乱，缺乏有效的交通组织、控制、渠化交通等手段，交通秩序难以改观；加之无效交通所占比例增加，交通量的增加和不良的交通秩序降低了我国道路系统的安全性。

我国交通管理对交通安全管理重视不够，改善道路交通安全投入人力和财力较少；有的地方只有在发生重特大交通事故后才引起对交通安全的重视；有的地方缺乏有效交通安全工作机制，对现有危险路段鉴别和改造重视不够或者对已知危险路段的改造等问题没有足够的重视；交通事故的防治措施缺乏科学性、有效性和长期性。

2.5.6 交通法规因素

道路交通管理法规是秩序化交通、遏制道路交通事故的前提。道路交通规则的意义就在于秩序化交通，减少因无序交通而产生的交通堵塞、交通碰撞及因碰撞现象给人的生命和财产造成的不必要的损失，维护广大交通参与者的共同利益，让每一个交通参与者都能平安、顺利地实现交通目标。然而，由于我国颁布实施的《道路交通安全法》还没有被广大老百姓完全地了解，有的地方的老百姓甚至都不知道《道路交通安全法》，在这样的情况下，各种交通隐患得以"上路"，从而造成交通事故。而路上尽管有一定的秩序规范，但它不仅缺少对隐患的制约能力，而且对路面秩序控制能力也明显不足。

2.6 道路交通事故责任划分

《道路交通事故处理程序规定》规定：

第六十条　公安机关交通管理部门应当根据当事人的行为对发生道路交通事故所起的作用以及过错的严重程度，确定当事人的责任。

（一）因一方当事人的过错导致道路交通事故的，承担全部责任；

（二）因两方或者两方以上当事人的过错发生道路交通事故的，根据其行为对事故发生的作用以及过错的严重程度，分别承担主要责任、同等责任和次要责任；

（三）各方均无导致道路交通事故的过错，属于交通意外事故的，各方均无责任。

一方当事人故意造成道路交通事故的，他方无责任。

第六十一条　当事人有下列情形之一的，承担全部责任。

（一）发生道路交通事故后逃逸的。

（二）故意破坏、伪造现场，毁灭证据的。

为逃避法律责任追究，当事人弃车逃逸以及潜逃藏匿的，如有证据证明其他当事人也有过错，可以适当减轻责任，但同时有证据证明逃逸当事人有第一款第二项情形的，不予减轻。

2.7 道路交通事故认定书和调查报告

2.7.1　事故认定书

《道路交通事故处理程序规定》规定：

第六十四条　道路交通事故认定书应当载明以下内容。

（一）道路交通事故当事人、车辆、道路和交通环境等基本情况；

（二）道路交通事故发生经过；

（三）道路交通事故证据及事故形成原因分析；

（四）当事人导致道路交通事故的过错及责任或者意外原因；

（五）作出道路交通事故认定的公安机关交通管理部门名称和日期。

道路交通事故认定书应当由交通警察签名或者盖章，加盖公安机关交通管理部门道路交通事故处理专用章。

2.7.2　事故调查报告

道路交通事故调查报告内容如下。

① 事故发生经过及应急处置情况。

a. 事故发生经过；

b. 事发前相关车辆的运行情况；

c. 事故信息接报和应急处置情况；

d. 事故应急响应及善后情况。

② 事故相关情况。

a. 事故车辆情况；

b. 事故车辆驾驶人情况；

c. 事故车辆单位情况；

d. 事故造成人员伤亡情况；

e. 直接经济损失；

f. 事故道路情况；

g. 事故天气情况；

h. 事故车辆检验情况；

i. 驾驶人员乙醇含量检验情况；

j. 驾驶人员甲基苯丙胺检验情况。

③ 事故原因和性质。

a. 直接原因；

b. 间接原因；

c. 事故性质。

④ 在事故调查中发现的问题。

⑤ 事故责任和处理建议。

a. 免于追究责任人员；

b. 司法机关已采取措施人员；

c. 对有关企业责任人员处理建议；

d. 对有关企业处理建议；

e. 其他建议；

f. 有关公职人员。

⑥ 事故防范和整改措施建议。

第 3 章
道路交通应急救援与安全风险评估

3.1 交通事故应急预案

3.1.1 总则

(1) 编制目的

为切实加强公路交通突发事件的应急管理工作,建立完善的应急管理体制和机制,提高突发事件预防和应对能力,控制、减轻和消除公路交通突发事件引起的严重社会危害,及时恢复公路交通正常运行,保障公路畅通,并指导地方建立应急预案体系和组织体系,增强应急保障能力,满足有效应对公路交通突发事件的需要,保障经济社会正常运行,制定本预案。

(2) 编制依据

依据《中华人民共和国突发事件应对法》《中华人民共和国公路法》《中华人民共和国道路运输条例》等法律法规,《国家突发公共事件总体应急预案》及国家相关专项预案和部门预案制订本预案。

(3) 分类分级

本预案所称公路交通突发事件是指由下列突发事件引发的造成或者可能造成公路以及重要客运枢纽出现中断、阻塞、重大人员伤亡、大量人员需要疏散、重大财产损失、生态环境破坏和严重社会危害,以及由于社会经济异常波动造成重要物资、旅客运输紧张需要交通运输部门提供应急运输保障的紧急事件。

① 自然灾害。主要包括水旱灾害、气象灾害、地震灾害、地质灾害、海洋

灾害、生物灾害和森林草原火灾等。

② 公路交通运输生产事故。主要包括交通事故、公路工程建设事故、危险货物运输事故。

③ 公共卫生事件。主要包括传染病疫情、群体性不明原因疾病、食品安全和职业危害、动物疫情，以及其他严重影响公众健康和生命安全的事件。

④ 社会安全事件。主要包括恐怖袭击事件、经济安全事件和涉外突发事件。

各类公路交通突发事件按照其性质、严重程度、可控性和影响范围等因素，一般分为四级：Ⅰ级（特别重大）、Ⅱ级（重大）、Ⅲ级（较大）和Ⅳ级（一般）。

(4) 适用范围

本预案适用于涉及跨省级行政区划的，或超出事发地省级交通运输主管部门处置能力的，或由国务院责成的，需要由交通运输部负责处置的特别重大（Ⅰ级）公路交通突发事件的应对工作，以及需要由交通运输部提供公路交通运输保障的其他紧急事件。

本预案指导地方公路交通突发事件应急预案的编制。

(5) 工作原则

① 以人为本、平急结合、科学应对、预防为主。

切实履行政府的社会管理和公共服务职能，把保障人民群众生命财产安全作为首要任务，高度重视公路交通突发事件应急处置工作，提高应急科技水平，增强预警预防和应急处置能力，坚持预防与应急相结合，常态与非常态相结合，提高防范意识，做好预案演练、宣传和培训工作，做好有效应对公路交通突发事件的各项保障工作。

② 统一领导、分级负责、属地管理、联动协调。

本预案确定的公路交通突发事件应急工作在人民政府的统一领导下，由交通运输主管部门具体负责，分级响应、条块结合、属地管理、上下联动，充分发挥各级公路交通应急管理机构的作用。

③ 职责明确、规范有序、部门协作、资源共享。

明确应急管理机构职责，建立统一指挥、分工明确、反应灵敏、协调有序、运转高效的应急工作机制和响应程序，实现应急管理工作的制度化、规范化。加强与其他部门密切协作，形成优势互补、资源共享的公路交通突发事件联动处置机制。

(6) 应急预案体系

公路交通突发事件应急预案体系包括：

① 公路交通突发事件应急预案。公路交通突发事件应急预案是全国公路交通突发事件应急预案体系的总纲及总体预案，是交通运输部应对特别重大公路

交通突发事件的规范性文件，由交通运输部制定并公布实施，报国务院备案。

② 公路交通突发事件应急专项预案。交通突发事件应急专项预案是交通运输部为应对某一类型或某几种类型公路交通突发事件而制定的专项应急预案，由交通运输部制定并公布实施。主要涉及公路气象灾害、水灾与地质灾害、地震灾害、重点物资运输与危险货物运输事故、重点交通枢纽的人员疏散、施工安全、特大桥梁安全事故、特长隧道安全事故、公共卫生事件、社会安全事件等方面。

③ 地方公路交通突发事件应急预案。地方公路交通突发事件应急预案是由省级、地市级、县级交通运输主管部门按照交通运输部制定的公路交通突发事件应急预案的要求，在上级交通运输主管部门的指导下，为及时应对辖区内发生的公路交通突发事件而制订的应急预案（包括专项预案）。由地方交通运输主管部门制订并公布实施，报上级交通运输主管部门备案。

④ 公路交通运输企业突发事件预案。由各公路交通运输企业根据国家及地方的公路交通突发事件应急预案的要求，结合自身实际，为及时应对企业范围内可能发生的各类突发事件而制订的应急预案。由各公路交通运输企业组织制订并实施。

3.1.2 应急组织体系

公路交通应急组织体系由国家级（交通运输部）、省级（省级交通运输主管部门）、市级（市级交通运输主管部门）和县级（县级交通运输主管部门）四级应急管理机构组成（图3-1）。

国家级公路交通应急管理机构包括应急领导小组、应急工作组、日常管理机构、专家咨询组、现场工作组等。省级、市级、县级交通运输主管部门可参照本预案，根据各地的实际情况成立应急管理机构，明确相关职责。

(1) 应急领导小组

公路交通突发事件应急工作领导小组（以下简称"应急领导小组"）是Ⅰ级公路交通突发事件的指挥机构，由交通运输部部长任组长，分管部领导任副组长，交通运输部内相关司局负责人为成员。

日常状态下的职责如下。

① 审定相关公路交通应急预案及其政策、规划；

② 审定应急经费预算；

③ 其他相关重大事项。

应急状态下的职责如下。

① 决定启动和终止Ⅰ级公路交通突发事件预警状态和应急响应行动；

第3章 道路交通应急救援与安全风险评估

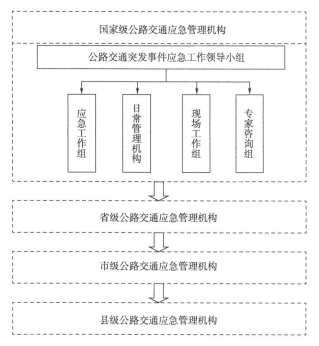

图 3-1 公路交通应急组织体系图

② 负责统一领导Ⅰ级公路交通突发事件的应急处置工作，发布指挥调度命令，并督促检查执行情况；

③ 根据国务院要求，或根据应急处置需要，指定成立现场工作组，并派往突发事件现场开展应急处置工作；

④ 根据需要，会同国务院有关部门，制定应对突发事件的联合行动方案，并监督实施；

⑤ 当突发事件由国务院统一指挥时，应急领导小组按照国务院的指令，执行相应的应急行动；

⑥ 其他相关重大事项。

(2) 应急工作组

应急工作组在应急领导小组决定启动Ⅰ级公路交通突发事件预警状态和应急响应行动时自动成立，由交通运输部内相关司局组建，在应急领导小组统一领导下具体承担应急处置工作。应急工作组分为以下八个应急工作小组。

① 综合协调小组：由办公厅主任任组长，公路局、安全监督司分管领导任副组长，办公厅、公路局、安全监督司相关处室人员组成。负责起草重要报告、综合类文件；根据应急领导小组和其他应急工作组的要求，统一向党中央、国务院和相关部门报送应急工作文件；承办应急领导小组交办的其他工作。

② 公路抢通小组：由公路局局长任组长，公路局分管副局长任副组长，公路局相关处室人员组成。负责组织公路抢修及保通工作，根据需要组织、协调跨省应急队伍调度和应急机械及物资调配；拟定跨省公路绕行方案并组织实施；负责协调社会力量参与公路抢通工作；拟定抢险救灾资金补助方案；承办应急领导小组交办的其他工作。

③ 运输保障小组：由道路运输司司长任组长，道路运输司分管副司长任副组长，道路运输司相关处室人员组成。负责组织、协调人员、物资的应急运输保障工作；负责协调与其他运输方式的联运工作；拟定应急运输征用补偿资金补助方案；承办应急领导小组交办的其他工作。

④ 通信保障小组：由科技司司长任组长，办公厅、通信中心分管领导任副组长，科技司、办公厅、通信中心相关处室人员组成。负责信息系统通信保障工作；负责电视电话会议通信保障工作；保障交通运输部向地方公路交通应急管理机构下发应急工作文件的传真和告知工作；承办应急领导小组交办的其他工作。

⑤ 新闻宣传小组：由政策法规司司长任组长，政策法规司分管副司长任副组长，政策法规司相关处室人员及新闻办联络员组成。负责收集、处理相关新闻报道，及时消除不实报道带来的负面影响；按照应急领导小组要求，筹备召开新闻发布会，向社会通报突发事件影响及应急处置工作进展情况；负责组织有关新闻媒体，宣传报道应急处置工作中涌现出的先进事迹与典型；指导地方应急管理机构新闻发布工作；承办应急领导小组交办的其他工作。

⑥ 后勤保障小组：由机关服务中心主任任组长，机关服务中心分管副主任任副组长，机关服务中心相关部门人员组成。负责应急状态期间24小时后勤服务保障工作；承办应急领导小组交办的其他工作。

⑦ 恢复重建小组：由综合规划司司长任组长，公路局、财务司、质监总站分管领导任副组长，综合规划司、公路局、财务司、质监总站相关处室人员组成。负责公路受灾情况统计，组织灾后调研工作；拟定公路灾后恢复重建方案并组织实施；承办应急领导小组交办的其他工作。

⑧ 总结评估小组：由公路局局长任组长，其他应急工作小组、专家咨询组、交通运输部直属科研单位有关人员组成。负责编写应急处置工作大事记；对突发事件情况、应急处置措施、取得的主要成绩、存在的主要问题等进行总结和评估，提出下一步工作建议，并向应急领导小组提交总结评估报告；承办应急领导小组交办的其他工作。

综合协调小组、公路抢通小组、运输保障小组、通信保障小组、后勤保障小组在应急领导小组决定终止Ⅰ级公路交通突发事件预警状态和应急响应行动时自动解散；新闻宣传小组、恢复重建小组、总结评估小组在相关工作完成后，由应急领导小组宣布解散。

(3) 日常管理机构

交通运输部设立公路网管理与应急处置中心（以下简称"路网中心"），作为国家级公路交通应急日常管理机构，在应急领导小组领导下开展工作。

日常状态下的职责如下。

① 负责国家高速公路网、普通国道干线公路、重要客运枢纽的运行监测及有关信息的收集和处理，向社会发布公路出行信息；

② 负责与国务院相关应急管理机构和地方交通运输应急管理机构的联络、信息上传与下达等日常工作；

③ 拟定、修订与公路交通运输相关的各类突发事件应急预案及有关规章制度；

④ 指导地方公路交通应急预案的编制和实施；

⑤ 组织公路交通应急培训和演练；

⑥ 组织有关应急科学技术研究和开发，参加有关的国际合作；

⑦ 提出年度应急工作经费预算建议；

⑧ 参与公路交通应急规划的编制；

⑨ 根据地方公路交通应急管理机构的请求，进行应急指导或协调行动；

⑩ 负责督导国家公路交通应急物资储备点建设与管理；

⑪ 承办应急领导小组交办的其他工作。

应急状态下的职责如下。

① 负责24小时值班接警工作；

② 负责接收、处理应急协作部门预测预警信息，跟踪了解与公路交通运输相关的突发事件，及时向应急领导小组提出启动Ⅰ级预警状态和应急响应行动建议；

③ 负责收集、汇总突发事件信息及应急工作组开展应急处置工作的相关信息，编写应急工作日报；

④ 根据应急领导小组和应急工作组的要求，负责应急处置的具体日常工作，统一向地方公路交通应急管理机构下发应急工作文件；

⑤ 承办应急领导小组交办的其他工作。

(4) 专家咨询组

专家咨询组是由公路交通运输行业及其他相关行业工程技术、科研、管理、法律等方面专家组成的应急咨询机构。专家咨询组具体职责如下。

① 参与拟定、修订与公路交通运输相关的各类突发事件应急预案及有关规

章制度；

② 负责对应急准备以及应急行动方案提供专业咨询和建议；

③ 负责对应急响应终止和后期分析评估提出咨询意见；

④ 承办应急领导小组或路网中心委托的其他事项。

(5) 现场工作组

现场工作组是由应急领导小组按照国务院要求，或发布公路交通运输Ⅰ级预警和响应时，或根据地方交通运输主管部门请求，指定成立并派往事发地的临时机构。当现场工作组由国务院统一组建时，交通运输部派出部级领导参加现场工作组；当现场工作组由国务院其他部门统一组建时，交通运输部派出司局级领导参加现场工作组。现场工作组具体职责如下。

① 按照国务院的统一部署，参与地方人民政府组织开展的突发事件应急处置工作，并及时向应急领导小组报告现场有关情况；

② 负责跨省公路交通应急队伍的现场指挥和调度，并保障作业安全；

③ 提供公路交通运输方面技术支持；

④ 协助有关部门开展公路建设工程、道路运输、客货运站安全事故的应急处置工作；

⑤ 承办应急领导小组交办的其他工作。

公路交通突发事件预警和处置，需要有关部门积极配合和共同实施。在突发事件应急响应中，应急管理机构根据突发事件的级别和类型，在国务院应急管理机构的统一领导下，协调相关部门参加应急协作，各协作部门的应急任务分工据其职责而定。

武警交通部队纳入国家应急救援力量体系，作为国家公路交通突发事件专业应急队伍。国家公路交通突发事件应急专业队伍参与公路交通突发事件应急处置工作按国家有关规定执行。

3.1.3 运行机制

(1) 预测与预警

① 预警信息

涉及公路交通突发事件的预警及相关信息如下。

a. 气象监测、预测、预警信息。这三种信息内容包括每日 24 小时全国降水实况图及图示最严重区域降水、温度、湿度等监测天气要素平均值和最大值；72 小时内短时天气预报（含图示），重大交通事件（包括黄金周、大型活动等常规及各类突发交通事件）天气中期趋势预报（含图示），气象灾害集中时期（汛期、冬季等）天气长期态势预报；各类气象灾害周期预警信息专报（包括主要气象灾害周期的天气类型、预计发生时间、预计持续时间、影响范围、预计强度等）和气象主管部门已发布的台风、暴雨、雪灾、大雾、道路积冰、沙尘暴预警信息。

b. 强地震（烈度5.0以上）监测信息。该信息内容包括地震强度、震中位置、预计持续时间、已经和预计影响范围（含图示）、预计受灾人口与直接经济损失数量、预计紧急救援物资运输途经公路线路和需交通运输主管部门配合的运力需求。

c. 突发地质灾害监测、预测信息。突发地质灾害监测信息包括突发地质灾害发生时间、发生地点、强度、预计持续时间、受影响道路名称与位置、受灾人口数量、疏散（转移）出发地和目的地、途经公路路线和需交通运输主管部门配合的运力需求。突发地质灾害预测信息包括突发地质灾害预报的等级、发生时间、发生地点、预计持续时间、预计影响范围。

d. 洪水、堤防决口与库区垮坝信息。这些信息内容包括洪水的等级、发生流域、发生时间、洪峰高度和当前位置、泄洪区位置、已经和预计影响区域（含图示）、预计受灾人口与直接经济损失数量、需疏散（转移）的人口数量、出发地、目的地、途经路线、需交通运输主管部门配合的运力需求；堤防决口与库区垮坝的发生时间、发生地点、已经和预计影响区域（含图示）、预计受灾人口与直接经济损失数量、需疏散（转移）的人口数量、出发地、目的地、途经路线、需交通运输主管部门配合的运力需求。

e. 海啸灾害预测预警信息。该信息内容包括风暴潮、海啸灾害预计发生时间、预计影响区域（含图示）、预计受灾人口与直接经济损失、预计紧急救援物资、人口疏散运输的运力要求和途经公路线路。

f. 重大突发公共卫生事件信息。该信息内容包括突发疾病的名称、发现事件、发现地点、传播渠道、当前死亡和感染人数、预计受影响人数、需隔离和疏散（转移）的人口数量、该疾病对公路交通运输的特殊处理要求，紧急卫生和救援物资运输途经公路线路、需交通运输主管部门配合的公路干线、枢纽交通管理手段和运力需求。

g. 环境污染事件影响信息。该信息内容包括危险化学品（含剧毒品）运输泄漏事件的危险品类型、泄漏原因、扩散形式、发生时间、发生地点、所在路段名称和位置、影响范围、影响人口数量和经济损失、预计清理恢复时间、应急救援车辆途经公路路线；因环境事件需疏散（转移）群众事件的原因、疏散（转移）人口数量、疏散（转移）时间、出发地、目的地、途经路线、需交通运输主管部门配合的运力需求。

h. 重大恶性交通事故影响信息。该信息内容包括重大恶性交通事故的原因、发生时间、发生地点、已造成道路中断和阻塞情况、已造成道路设施直接损失情况、预计处理恢复时间。

i. 因市场商品短缺及物价大幅波动引发的紧急物资运输信息。该信息内容包括运输物资的种类、数量、来源地和目的地、途经路线、运载条件要求、运输时间要求等。

j. 公路损毁、中断、阻塞信息和重要客运枢纽旅客滞留信息。这些信息内容包括公路损毁、中断、阻塞的原因、发生时间、起止位置和桩号、预计恢复时间、已造成道路基础设施直接损失、已滞留和积压的车辆数量和排队长度、已采取的应急管理措施、绕行路线等；重要客运枢纽车辆积压和旅客滞留的原因、发生时间、当前滞留人数和积压车辆数及其变化趋势、站内运力情况、应急运力储备与使用情况、已采取的应急管理措施等。

k. 其他需要交通运输部门提供应急保障的紧急事件信息。

② 预测、预警支持系统

建立面向交通行业的气象灾害、地震、地质灾害等突发事件影响的预测、预警支持系统。建立各级预警联系人常备通讯录及信息库，建立公路交通突发事件风险源数据库，建立公路交通突发事件影响的预测评估系统。

联合相关应急协作部门，建立长效预测、预警机制。

路网中心负责交通运输部预测、预警支持系统的建设，省级交通运输主管部门在路网中心指导下建设本省各级预测、预警支持系统。

③ 预警分级

根据突发事件发生时对公路交通的影响和需要的运输能力分为四级预警，分别为Ⅰ级预警（特别严重预警）、Ⅱ级预警（严重预警）、Ⅲ级预警（较重预警）、Ⅳ级预警（一般预警），分别用红色、橙色、黄色和蓝色来表示（表3-1）。交通运输部负责Ⅰ级预警的启动和发布，省、市、县交通运输主管部门负责Ⅱ级、Ⅲ级和Ⅳ级预警的启动和发布。

表 3-1 公路交通突发事件预警级别

预警级别	级别描述	颜色标示	事件情形
Ⅰ级	特别严重	红色	• 因突发事件可能导致国家干线公路交通毁坏、中断、阻塞或者大量车辆积压、人员滞留，通行能力影响周边省份，抢修、处置时间预计在24小时以上时 • 因突发事件可能导致重要客运枢纽运行中断，造成大量旅客滞留，恢复运行及人员疏散预计在48小时以上时 • 发生因重要物资缺乏、价格大幅波动可能严重影响全国或大片区经济整体运行和人民正常生活，超出省级交通运输主管部门运力组织能力时 • 其他可能需要由交通运输部提供应急保障时

续表

预警级别	级别描述	颜色标示	事件情形
Ⅱ级	严重	橙色	• 因突发事件可能导致国家干线公路交通毁坏、中断、阻塞或者大量车辆积压、人员滞留，抢修、处置时间预计在12小时以上时 • 因突发事件可能导致重要客运枢纽运行中断，造成大量旅客滞留，恢复运行及人员疏散预计在24小时以上时 • 发生因重要物资缺乏、价格大幅波动可能严重影响省域内经济整体运行和人民正常生活时 • 其他可能需要由省级交通运输主管部门提供应急保障时
Ⅲ级	较重	黄色	• Ⅲ级预警分级条件由省级交通运输主管部门负责参照Ⅰ级和Ⅱ级预警等级，结合地方特点确定
Ⅳ级	一般	蓝色	• Ⅳ级预警分级条件由省级交通运输主管部门负责参照Ⅰ级、Ⅱ级和Ⅲ级预警等级，结合地方特点确定

④ 预警启动程序

公路交通突发事件Ⅰ级预警时，交通运输部按如下程序启动预警。

a. 路网中心提出公路交通突发事件Ⅰ级预警状态启动建议；

b. 应急领导小组在2小时内决定是否启动Ⅰ级公路交通突发事件预警，如同意启动，则正式签发Ⅰ级预警启动文件，并向国务院应急管理部门报告，交通运输部各应急工作组进入待命状态；

c. Ⅰ级预警启动文件签发后1小时内，由路网中心负责向相关省级公路交通应急管理机构下发，并电话确认接收；

d. 根据情况需要，由应急领导小组决定此次Ⅰ级预警是否需面向社会发布，如需要，在12小时内联系此次预警相关应急协作部门联合签发；

e. 已经联合签发的Ⅰ级预警文件由新闻宣传小组联系新闻媒体，面向社会公布；

f. 路网中心立即开展应急监测和预警信息专项报送工作，随时掌握并报告事态进展情况，形成突发事件动态日报制度，并根据应急领导小组要求增加预警报告频率；

g. 交通运输部各应急工作组开展应急筹备工作，公路抢通组和运输保障组开展应急物资的征用准备。

Ⅱ、Ⅲ、Ⅳ级预警启动程序由各级地方交通运输主管部门参考Ⅰ级预警启动程序，结合当地特点，自行编制；在预警过程中，如发现事态扩大，超过本级预警条件或本级交通运输主管部门处置能力，应及时上报上一级交通运输主管部门，建议提高预警等级。

⑤ 预警终止程序

Ⅰ级预警降级或撤销情况下，交通运输部采取如下预警终止程序。

a. 路网中心根据预警监测追踪信息，确认预警涉及的公路交通突发事件已不满足Ⅰ级预警启动标准，需降级转化或撤销时，向应急领导小组提出Ⅰ级预警状态终止建议；

b. 应急领导小组在同意终止后，正式签发Ⅰ级预警终止文件，明确提出预警后续处理意见，并在24小时内向国务院上报预警终止文件，交通运输部各应急工作组自行撤销；

c. 如预警降级为Ⅱ级，路网中心负责在1小时内通知Ⅱ级预警涉及的省级交通运输主管部门，省级交通运输主管部门在12小时内启动预警程序，并向路网中心报送已正式签发的Ⅱ级预警启动文件；

d. 如预警降级为Ⅲ或Ⅳ级，路网中心负责通知预警涉及的省级交通运输主管部门，由省级交通运输主管部门组织涉及的市或县启动预警；

e. 如预警直接撤销，路网中心负责在24小时内向预警启动文件中所列部门和单位发送预警终止文件；

f. Ⅱ、Ⅲ、Ⅳ级预警终止程序由各级地方交通运输主管部门参考Ⅰ级预警终止程序，结合当地特点，自行编制；

Ⅰ级预警在所对应的应急响应启动后，预警终止时间与应急响应终止时间一致，不再单独启动预警终止程序。

⑥ 应急资源征用

公路抢通小组和运输保障小组应根据预警事件的特征和影响程度与范围，提出公路交通应急保障资源征用方案，经应急领导小组同意后下发。

在交通运输部征用通知下发后24小时内，相关省级交通运输主管部门应按照通知的要求，负责组织和征用相关应急保障资源，签署公路交通应急保障资源征用通知书并下发相关单位，征调相关公路抢险保通和运输保障的人员、装备和物资，并到指定地点集结待命。

(2) 应急处置

① 分级响应

a. 响应级别。公路交通突发事件按照其可控性、严重程度和影响范围分为特别重大事件（Ⅰ级）、重大事件（Ⅱ级）、较大事件（Ⅲ级）和一般事件（Ⅳ级）四个等级。

交通运输部负责Ⅰ级应急响应的启动和实施，省级交通运输主管部门负责Ⅱ级应急响应的启动和实施，市级交通运输主管部门负责Ⅲ级应急响应的启动和实施,县级交通运输主管部门负责Ⅳ级应急响应的启动和实施。

特别重大事件(Ⅰ级):对符合本预案公路交通运输Ⅰ级预警条件的公路交通突发事件或由国务院下达的紧急物资运输等事件,由应急领导小组予以确认,启动并实施本级公路交通应急响应,同时报送国务院备案。

重大事件(Ⅱ级):对符合本预案公路交通运输Ⅱ级预警条件的公路交通突发事件或由交通运输部下达的紧急物资运输等事件,由省级交通运输主管部门在省级人民政府的领导下予以确认,启动并实施本级公路交通应急响应,同时报送交通运输部备案。

较大事件(Ⅲ级):符合由省级交通运输主管部门确定的公路交通运输Ⅲ级预警条件的公路交通突发事件,由市级交通运输主管部门在市级人民政府的领导下,启动并实施本级公路交通应急响应,同时报送省级交通运输主管部门备案。

一般事件(Ⅳ级):符合由省级交通运输主管部门确定的公路交通运输Ⅳ级预警条件的公路交通突发事件,由县级交通运输主管部门在县级人民政府的领导下,启动并实施本级公路交通应急响应,同时报送市级交通运输主管部门备案。

b. 交通运输部负责的其他突发事件。除Ⅰ级预警或应急响应外,交通运输部根据突发事件的严重性、紧急程度、可控性、敏感程度、影响范围等,还负责处置如下突发事件:根据路网中心的日常监测或对已启动的Ⅱ级应急响应事件的重点跟踪,已经发展为特别重大事件(Ⅰ级)或已引起国务院和公众特别关注的、交通运输部认为需要在不启动Ⅰ级应急响应的情况下予以协调处置的突发事件;根据省级应急管理机构请求,需要交通运输部协调处置的突发事件;按照国务院部署由交通运输部负责协助处置的突发事件。

② 应急响应启动程序

Ⅰ级响应时,交通运输部按下列程序和内容启动响应。

a. 路网中心提出公路交通突发事件Ⅰ级应急响应启动建议。

b. 应急领导小组在2小时内决定是否启动Ⅰ级应急响应。如同意启动,则正式签发Ⅰ级应急响应启动文件,报送国务院,并于24小时内召集面向国务院各相关部门、相关地方交通运输主管部门的电话或视频会议,由应急领导小组组长正式宣布启动Ⅰ级应急响应,并由新闻宣传小组负责向社会公布Ⅰ级应急响应文件。

c. Ⅰ级应急响应宣布后,应急领导小组根据需要指定成立现场工作组,赶赴现场指挥公路交通应急处置工作。

d. Ⅰ级应急响应宣布后,路网中心和各应急工作组立即启动24小时值班制,根据本预案款规定开展应急工作。

各地应急管理机构可以参照Ⅰ级响应程序,结合本地区实际,自行确定Ⅱ、

Ⅲ、Ⅳ级公路交通突发事件应急响应程序。需要有关应急力量支援时，及时向上一级公路交通应急管理机构提出请求。

③ 信息报送与处理

建立部际信息快速通报与联动响应机制，明确各相关部门的应急日常管理机构名称和联络方式，确定不同类别预警与应急信息的通报部门，建立信息快速沟通渠道，规定各类信息的通报与反馈时限，形成较为完善的突发事件信息快速沟通机制。

建立完善部省公路交通应急信息报送与联动机制，路网中心汇总上报的公路交通突发事件信息，及时向可能受影响的省（区、市）发布，并提供跨区域出行路况信息服务。

严重以上预警信息发布和应急响应启动后，事件所涉及的省级公路交通应急管理机构应当将进展情况及时上报路网中心，并按照"零报告"制度，形成每日情况简报。路网中心及时将进展信息汇总形成每日公路交通突发事件情况简报，上报应急领导小组，并通报各应急工作组。

信息报告内容包括：事件的类型、发生时间和地点、影响范围和程度、已采取的应急处置措施和成效。

公路交通运输管理有关单位在发现或接到社会公众报告的公路交通突发事件后，经核实，应依据职责分工，立即组织调集力量开展应急处置工作，全力控制事态发展，并在 2 小时内向交通运输主管部门报告。

④ 指挥与协调

a. 部省路网协调与指挥机制。当发生Ⅱ级以上公路交通突发事件时，路网中心和事发地公路交通应急管理机构均进入 24 小时应急值班状态，确保部省两级日常应急管理机构的信息畅通。

建立交通运输部与相关省份省级交通运输主管部门之间的定期视频应急会商机制。

路网中心协调各省级公路交通应急管理机构，科学实施跨区域公路网绕行分流措施，同时及时发布路况信息。

b. 部门间协调机制。当发生Ⅰ级公路交通突发事件时，交通运输部与公安部等部门建立协调机制，按照职责分工，加强协作，共同开展应急处置工作。同时，指导地方公路交通应急管理机构建立与公安交警的联合调度指挥机制，实现路警"联合指挥、联合巡逻、联合执法、联合施救"。

c. 现场指挥协调机制。现场工作组负责指导、协调Ⅰ级公路交通突发事件现场的应急处置工作，并及时收集、掌握相关信息，根据应急物资的特性及其分布、受灾地点、区域路网结构及其损坏程度、天气条件等，优化措施，研究备选方案，及时上报最新事态和运输保障情况。

⑤ 国家应急物资调用

当省级应急物资储备在数量、种类及时间、地理条件等受限制的情况下，需要调用国家公路交通应急物资储备时，由使用地省级公路交通应急管理机构提出申请，经应急领导小组同意，由路网中心下达国家公路交通应急物资调用指令，应急物资储备管理单位接到路网中心调拨通知后，应在 48 小时内完成储备物资发运工作。

⑥ 跨省支援

在交通运输部协调下，建立省际应急资源互助机制，充分合理利用各省级应急物资储备和应急处置力量，以就近原则，统筹协调各地方应急力量支援行动。对于跨省应急力量的使用，各受援地方应当给予征用补偿。

⑦ 应急响应终止程序

Ⅰ级应急响应终止时，交通运输部采取如下终止程序。

a. 路网中心根据掌握的事件信息，确认公路交通恢复正常运行，公路交通突发事件平息，向应急领导小组提出Ⅰ级应急响应状态终止建议；

b. 应急领导小组决定是否终止Ⅰ级应急响应状态，如同意终止，签发Ⅰ级应急响应终止文件，提出应急响应终止后续处理意见，并在 24 小时内向国务院及相关部门报送；

c. 新闻宣传小组负责向社会宣布Ⅰ级应急响应结束，说明已经采取的措施和效果以及应急响应终止后将采取的各项措施。

Ⅱ、Ⅲ、Ⅳ级应急响应终止程序由各级应急管理机构参照Ⅰ级应急响应终止程序，结合本地区特点，自行编制。

（3）恢复与重建

① 善后处置

a. 抚恤和补助。事发地各级公路交通运输主管部门配合属地人民政府，对参加应急处置的有关人员按照有关规定，给予补助；对因参与应急处理工作致病、致残、死亡的人员，按照国家有关规定，给予相应的补助和抚恤，并提供相关心理和司法援助。

b. 救援救助。事发地各级公路交通运输主管部门配合民政部门及时组织救灾物资、生活必需品和社会捐赠物品的运送，保障群众基本生活。

c. 奖励。应急响应终止后，各级公路交通运输主管部门应对参加突发事件应急处置过程中做出贡献的先进集体和个人进行表彰和奖励。

② 调查与评估

总结评估小组具体负责Ⅰ级响应的调查与评估工作。

省级公路交通应急管理机构应按照国家公路交通应急管理机构的要求上报总结评估材料，包括突发事件情况、采取的应急处置措施、取得的成效、存在的主要问题、建议等。

③ 补偿

a. 国家公路交通应急物资储备的补偿。在由交通运输部负责处置的Ⅰ级突发事件中使用国家公路交通应急物资储备，采取"无偿使用"原则，对可回收重复使用的应急储备物资由使用地交通运输主管部门负责回收、清洗、消毒和整理，由代储单位清点后入库。损耗、损毁的物资由交通运输部负责补充。其他等级突发事件中经交通运输部同意使用国家公路交通应急物资储备的，按照"谁使用，谁补偿"的原则，根据有关规定进行补偿。

b. 征用补偿。各级交通运输主管部门负责相应级别的公路交通应急保障资源的征用补偿工作，并上报上级交通运输主管部门。

公路交通应急保障行动结束后，由被征用单位（人）向交通运输主管部门递交应急征用补偿申请书。交通运输主管部门接到补偿申请后，按规定发出行政补偿受理通知书，并结合有关征用记录和事后调查评估的情况，对补偿申请予以审核，审核通过后，发出应急征用补偿通知单，并按有关规定予以补偿。

行政征用补偿形式包括：现金补偿、财政税费减免、实物补偿和其他形式的行政性补偿等。

④ 恢复重建

恢复重建小组负责组织Ⅰ级响应的恢复重建工作，省级公路交通运输主管部门负责具体实施。

其他等级事件需要交通运输部援助的，由省级公路交通运输主管部门向交通运输部提出请求，路网中心根据调查评估报告提出建议和意见，报经应急领导小组批准后组织援助，必要时组织专家组进行现场指导。

(4) 信息发布与宣传

① 信息共享

a. 由路网中心负责建立信息共享机制与渠道，负责全国公路交通突发事件信息的汇总和处理。

b. 国务院相关部门按照国家应急管理要求和部门职责及时提供相关突发事件信息；地方交通运输主管部门和单位及时提供各类事件的信息报告和必要的基础数据。

c. 路网中心将信息及时通报应急工作组，应急工作组经复核确认后上报应急领导小组。

② 信息发布

a. 特别重大公路交通突发事件信息发布由路网中心负责。其他公路交通突发事件发布由各级公路交通应急管理机构负责。

b. 发布渠道包括内部业务系统、交通运输部网站和路网中心管理的服务网站，以及经交通运输部授权的各媒体。

c. 公路交通突发事件相关信息发布应当加强同新闻宣传小组的协调和沟通，及时提供各类相关信息。

③ 新闻发布与宣传

a. Ⅰ级公路交通突发事件的新闻发布与宣传工作由新闻宣传小组负责，承担新闻发布的具体工作。其他级别事件分别由地方公路交通应急管理机构负责组织发布，并按要求及时上报上级公路交通应急管理机构备案。

b. 新闻宣传小组负责组织发布公路交通突发事件新闻通稿、预案启动公告、预警启动与应急响应启动公告、预警终止与应急响应终止公告，传递事态进展的最新信息，解释说明与突发事件有关的问题、澄清和回应与突发事件有关的错误报道，宣传公路交通应急管理工作动态，组织召开突发事件相关各单位、部门参加的联席新闻发布会。

c. 新闻发布主要媒体形式包括电视、报纸、广播、网站等；新闻发布主要方式包括新闻发布会、新闻通气会、记者招待会、接受多家媒体的共同采访或独家媒体专访、发布新闻通稿。

d. Ⅰ级公路交通突发事件相关新闻发布材料包括新闻发布词、新闻通稿、答问参考和其他发布材料，由其他应急工作小组及时提供相关材料，新闻宣传小组汇总审核，其中Ⅰ级公路交通突发事件相关新闻发布材料须经应急领导小组审定。

e. 涉外突发事件由交通运输部商外交部，统一组织宣传和报道。

f. 同相关部门建立多部门重大信息联合发布机制，并以会议纪要或者其他规范性文件的形式予以规定。

3.1.4 应急保障

(1) 应急队伍

① 组建原则

各级交通运输主管部门按照"平急结合、因地制宜，分类建设、分级负责，统一指挥、协调运转"的原则建立公路交通突发事件应急队伍。

② 专业应急队伍的组建

a. 公路交通应急抢险保通队伍。

国家公路交通应急抢险保通队伍：武警交通部队纳入国家应急救援力量体系，作为国家公路交通应急抢险保通队伍，兵力调动使用按照有关规定执行。

地方公路交通应急抢险保通队伍：省、市级公路交通应急管理机构负责应急抢通保障队伍的组建和日常管理。构建以高速公路及普通国省干线公路养护管理部门、路政管理部门、公路经营管理单位、公路养护工程企业为主体的公路交通应急抢通保障队伍，按照路网规模、结构、地域分布特点，采取全社会范围内的公开招投标的方式择优选择公路养护工程企业，并与之签订合作合同，明确技术管理要求、应急征用的条件和程序、征用补偿的标准和程序以及违约责任等，规范公路交通应急抢通保障行为，保障参与公路交通应急抢通保障企业的利益。省、市级公路交通应急管理机构统一调度本预案规定的本级应急救援物资储备点的各类应急物资、机械设备，由本级应急抢通保障队伍用于公路的应急抢险。在发生Ⅰ级公路突发事件时，由公路抢通小组统一调度各类储备物资和设备，组织实施跨省的应急抢险、救援工作。

b. 公路交通应急运输保障队伍。

应急运输保障队伍：地方交通运输主管部门负责所辖区域内的应急运输保障队伍建设工作，按照"平急结合、分级储备、择优选择、统一指挥"的原则在本辖区内建立应急运力储备，选择达到一定标准的道路客货运输企业，通过协商签订突发事件运力调用协议，明确纳入应急运力储备的车辆及其吨（座）位数、类型、技术状况，以及对运输人员和车辆管理的要求、应急征用的条件和程序、征用补偿的标准和程序以及违约责任等，通过协议规范应急运输保障行为，并保障参与应急运输保障企业的利益。在发生特别重大公路突发事件（Ⅰ级）时，由运输保障小组负责协调运力调配，保障各类重点物资、抢险救灾物资的运输和人员的疏散。

运输装备及技术状况：应急运输保障车辆的技术等级要求达到二级以上技术标准，车辆使用年限不超过5年，或行驶里程不超过15万公里。建立应急运输车辆技术档案制度，及时了解和掌握车辆的技术状况。应急运输车辆所属单位负责保持应急运输储备车辆处于良好的技术状况，并强化应急运输车辆的日常养护与保养工作。地方交通运输主管部门应结合所辖区域内突发事件的特征确定相应的应急运输装备，以满足不同种类的应急运输需求。

应急运输人员：公路交通应急管理机构和执行应急运输保障单位按照相关标准确定从事应急运输的人员，包括现场管理人员、驾驶员、押运员和装卸员。应急运输人员年龄原则上控制在20～55岁之间，符合身体健康、政治素质高、熟悉有关政策法规等要求。应急运输人员在执行应急运输任务时，由公路交通应急管理机构统一配发证件和必要的用品。

应急运力的备案管理：建立相应的应急运力储备档案，包括运力单位、车辆及其吨（座）位数、类型及人员数量等，并上报上级公路交通应急管理机构备案。每年针对储备运力的技术状况、单位及人员变动情况进行审查，对运力储备及时进行调整、补充，及时上报上级应急管理机构更新备案。

③ 社会力量动员与参与

各级应急管理机构应根据属地的实际情况和突发事件特点，制订社会动员方案，明确动员的范围、组织程序、决策程序。在公路交通自有应急力量不能满足应急处置需求时，向同级人民政府提出请求，请求动员社会力量，协调人民解放军、武警部队参与应急处置工作。

④ 应急人员安全防护

应急管理机构应协调有关部门提供不同类型公共突发事件应急人员的安全防护装备并发放使用说明，采取必要的安全防护措施。

应急管理机构应为应急处置过程中有安全风险的工作人员投保人身意外险。

(2) 物资设备保障

① 应急物资设备种类

建立实物储备与商业储备相结合、生产能力储备与技术储备相结合、政府采购与政府补贴相结合的应急物资储备方式，强化应急物资储备能力。

应急物资包括公路抢通物资和救援物资两类。公路抢通物资主要包括沥青、碎石、砂石、水泥、钢桥、钢板、木材、编织袋、融雪剂、防滑料、吸油材料等；救援物资包括方便食品、饮用水、防护衣物及装备、医药、照明设备、帐篷、燃料、安全标志、车辆防护器材及常用维修工具、应急救援车辆等。

地方交通运输主管部门应采取社会租赁和购置相结合的方式，储备一定数量的机械，如挖掘机、装载机、平地机、撒布机、汽车起重机、清雪车、平板拖车、运油车、发电机和大功率移动式水泵等。

② 应急物资设备储备体系

a. 国家公路交通应急物资储备。根据全国高速公路的分布情况，确保应急物资调运的时效性和覆盖区域的合理性，以"因地制宜、规模适当、合理分布、有效利用"为原则，结合各地区的气候与地质条件，建立若干国家公路交通应急物资储备点。

b. 地方公路交通应急物资储备。省、市交通运输主管部门应根据辖区内公路交通突发事件发生的种类和特点，结合公路抢通和应急运输保障队伍的分布，依托行业内养护施工企业和道路运输企业的各类设施资源，合理布局、统筹规划建设本地区公路交通应急物资储备点。

③ 应急物资管理制度

国家公路交通应急物资储备实行应急物资代储管理制度，由交通运输部负责监管，物资的调度和使用须经交通运输部同意。担负国家公路交通应急物资储备任务的省级交通运输主管部门为代储单位，负责具体建设与管理工作。

代储单位应对储备物资实行封闭式管理，专库存储，专人负责。要建立健全各项储备管理制度，包括物资台账和管理经费会计账等。储备物资入库、保管、出库等要有完备的凭证手续。代储单位应按照交通运输部要求，对新购置入库物资进行数量和质量验收，并在验收工作完成后5个工作日内将验收入库的情况上报路网中心。

地方公路交通运输主管部门应建立完善的各项应急物资管理规章制度，制定采购、储存、更新、调拨、回收各个工作环节的程序和规范，加强物资储备过程中的监管，防止储备物资被盗用、挪用、流失和失效，对各类物资及时予以补充和更新。

（3）通信与信息保障

在充分整合现有交通通信信息资源的基础上，加快建立和完善"统一管理、多网联动、快速响应、处理有效"的公路交通应急平台体系。

公路交通应急平台体系包括交通运输部、省市级公路交通应急平台，以及依托中心城市辐射覆盖到城乡基层的面向公众紧急信息接报平台和面向公众的信息发布平台。

各级公路交通应急平台根据公路交通领域突发公共事件信息的接报处理、跟踪反馈和应急处置等应急管理需要，实现与上下级公路交通应急平台的互联互通，具有风险隐患监测、综合预测预警、信息接报与发布、综合研判、辅助决策、指挥调度、异地会商、应急保障、应急评估、模拟演练和综合业务管理等功能，并能够及时向上级公路交通应急平台提供数据、图像、资料等。

公路交通应急平台的基本构成包括应急指挥场所、移动应急平台、基础支撑系统、数据库系统、综合应用系统、信息接报与发布系统、安全保障体系和标准规范体系。

（4）技术支撑

① 科技支撑

依托科研机构，加强应对公路交通突发事件技术支撑体系研究，建立突发事件管理技术的开发体系和储备机制；制订研发计划，借鉴国际先进经验，重点加强智能化的应急指挥通信技术装备、辅助决策技术装备、特种应急抢险技术装备的研制工作；开展预警、分析、评估模型研究，提高防范和处置重大公路交通突发事件的决策水平。

② 应急数据库

建立包括专家咨询、知识储备、应急预案、应急资源等数据库。

(5) 资金保障

公路交通应急保障所需的各项经费，应按照现行事权、财权划分原则，分级负担，并按规定程序列入各级交通运输主管部门年度财政预算中。

国家和地方公路交通专业应急队伍建设以及应急物资储备点的物资采购、运输、储存的相关费用，纳入各级财政预算。

路网中心要根据每年开展宣传、教育、培训、演练等日常工作所需经费编列年度预算，报应急领导小组审批，并统一负责该项工作经费的管理与使用。

对受突发事件影响较大和财政困难的地区，应省级交通运输主管部门的请求，交通运输部根据实际情况给予适当支持。

鼓励自然人、法人或者其他组织按照有关法律、法规的规定进行捐赠和援助。

各级交通运输主管部门应建立有效的监管和评估体系，对公路交通突发事件应急保障资金的使用和效果进行监管和评估。

3.1.5 监督管理

(1) 预案演练

路网中心负责协同有关部门制订应急演练计划并组织部省联合应急演练活动。

地方公路应急管理机构要结合所辖区域实际，有计划、有重点地组织预案演练。

(2) 宣传与培训

路网中心会同有关部门组织编写统一的公路交通突发事件应急处置培训大纲和教材，编印各类通俗读本，做到图文并茂、通俗易懂、携带方便、快速查询，提高宣传与培训效果，并通过广播、电视、网络、报刊、图书等多种渠道，加强公路交通应急保障的宣传工作。

各级交通运输主管部门应将应急宣传教育培训工作纳入日常管理工作并作为年度考核指标，定期开展应急培训工作。原则上，应急保障相关人员每两年应至少接受一次相关知识的培训，并依据培训记录和考试成绩实施应急人员的动态管理，提高公路交通应急保障人员的素质和专业技能。

(3) 应急能力建设评估

各级公路交通应急管理机构应定期开展公路交通突发事件应急能力评估工作，建立规范化的评估机制，综合路网规模、组织体系、重大危险源分布、通信保障以及应急队伍数量、规模、分布等因素，制定客观、科学的评价指标，提出评估方法和程序。

(4) 责任与奖惩

公路交通突发事件应急处置工作实行行政领导负责制和责任追究制。

对应急管理工作中做出突出贡献的先进集体和个人要及时地给予宣传、表彰和奖励。

对迟报、谎报、瞒报和漏报重要信息或者应急管理工作有其他失职、渎职行为的，依法对有关责任人给予行政处分。构成犯罪的，依法追究刑事责任。

3.1.6　附则

(1)　预案管理与更新

路网中心会同有关部门定期对相关应急预案的执行情况进行检查，发现问题和提出改进意见，并根据实际情况的变化，及时修订本预案，上报国务院备案，并抄报有关部门。

下列情况，本预案应进行更新。

① 本预案所依据的法律法规做出调整或修改，或国家出台新的应急管理相关法律法规；

② 原则上每两年组织修订、完善应急预案；

③ 根据日常应急演练和特别重大公路交通突发事件应急行动结束后取得的经验，需对预案做出修改；

④ 因机构改革需要对应急管理机构进行调整；

⑤ 其他。

公路交通应急抢险保通和应急运输保障队伍及物资的数据资料应每年更新一次。

地方交通运输主管部门应根据形势变化和实际需要，及时修订和更新相关应急预案。

(2)　制定与解释部门

本预案由交通运输部制定，由路网中心负责解释与组织实施。交通运输部有关部门和省级交通运输主管部门按照本预案的规定履行职责，并制定相应的应急预案。

本预案自发布之日起实施。

3.2
公路交通事故应急救援

公路交通事故是指在公路交通系统中，因过失原因引起的交通协调关系的破坏，并造成直接损失后果的事件。它包括普通公路交通事故和高速公路交通事故两大类。据不完全统计，自自行车问世以来，全世界死于公路交通事故的人数达 3200 余万，超过同期战争的死亡人数。

3.2.1 公路交通事故的种类

公路交通事故的表现形式是多种多样的。根据不同的分类方式，将其分为以下各类。

(1) 按照事故的危害结果分类

可将交通事故分为特大事故、重大事故、一般事故和轻微事故 4 类（相关内容见 1.2.3 节）。这一分类在不同时期，其具体标准有所不同。

(2) 按照事故的发生状况分类

按照事故发生状况可将交通事故分为驶出公路事故、路上非碰撞事故和路上碰撞事故等。有的更进一步将碰撞事故分为角碰、追尾碰、迎面碰、后退碰等。

(3) 按照事故第一当事人分类

可分为货车事故、客车事故、摩托车事故、非机动车事故、行人事故等。

(4) 按照损害结果分类

可分为死人事故、伤人事故、物损事故、混合型事故。

3.2.2 公路交通事故伤情分类

公路交通事故伤情严重、发生频繁、分布广泛、形成复杂，至今还未见系统而全面的伤情分类标准。下面就通常遇到的情况，结合事故损伤特征，作一简单介绍。

(1) 按照创伤的部位分类

可将损伤分为头部损伤、胸部损伤、腹部损伤、盆腔损伤、脊柱损伤、肢体损伤等。若涉及内脏器官的，还可分为心脏损伤、肺损伤、肝损伤、脾损伤、胃肠损伤、胰腺损伤、大血管损伤等。若涉及多个部位，可以按系统进行分类，如神经、呼吸、循环、消化、泌尿、运动系统损伤等。

(2) 按照公路使用者类型分类

可将损伤分为行人损伤、驾车人损伤、乘车人损伤、摩托车骑车人损伤、自行车骑车人损伤、摩托车搭乘者损伤等。

(3) 按照损伤性状分类

分为擦伤、挫伤、创伤性骨折、脱位、肢解等。

(4) 按照损伤程度分类

可分为致命伤、重伤、轻伤、轻微伤。

致命伤：直接导致死亡的损伤。

重伤：严重大面积的撕脱伤，骨折，视力、听力丧失，内脏破裂，内出血等损伤。

轻伤：一定程度的软组织损伤、关节脱位等。

轻微伤：皮肤的一些小擦伤和轻微挫伤等。

(5) 按照损伤形成方式和致伤原因分类

可分为撞击伤、碾压伤、跌倒伤、挥鞭样损伤、装载物损伤等。

(6) 按照损伤与外界相通与否分类

分为开放性损伤和闭合性损伤。开放性损伤指损伤与外界相通，这类损伤污染重、易感染。损伤与外界不相通者，称为闭合性损伤，这类损伤皮肤和黏膜完整，污染轻，但易被漏诊。

3.2.3 公路交通事故的特征

(1) 公路交通事故的一般规律

① 发生多车连续相撞的现象越来越多。随着我国公路质量的逐步改善，特别是高速公路建设的飞速发展，行车速度越来越快，因此导致的交通事故出现多车相撞的恶性事故越来越多，恶性程度越来越严重。如广东省开阳高速公路开平驶往阳江方向曾发生一起特大多车相撞事故，致使13辆大小车辆损毁，24人死亡，31人受伤。几乎就在同一时间，开阳高速公路（开平至阳江）江门恩平段又发生一起10车连环相撞的事故，造成14人死亡，多人受伤。京沈高速公路沈阳至北京方向一路段曾发生多车相撞事故，造成30余辆车损毁，4人死亡，7人受伤。

② 造成多人死亡的特大交通事故越来越多。近年来由于公路客运竞争日益激烈，每辆客运汽车的载客数量越来越多，一旦发生交通事故造成的死亡人数就会很多。如在柳州市壶东大桥上曾发生一辆公交大客车坠入柳江事故，造成车内人员79人全部死亡，直接经济损失约20万元；福建高速公路莆田仙游灵川段（同三线福建段338千米处）曾发生的造成28人死亡的特大交通事故，就是由一辆福建长乐籍集装箱车失控越过中线，与对面驶来的"闽西快运"大巴相撞造成的；一辆康明斯货车运送104名从拉萨朝拜后返回四川省甘孜、阿坝等地的群众，该车途经青海省玉树藏族自治州境内玉治公路80多千米处（玉树市隆宝镇以西10千米处）时发生翻车，造成95人伤亡，其中55人死亡，40人受伤。

③ 发生事故的时间，每天以7时至14时和16时至18时出现的车祸次数较多；每年以6月至10月，周末及年底期间，机动车致伤的人数较多。因为驾驶

员在恶劣天气条件下行车，注意力特别集中、行车速度慢，所以在风雨、风雪或大雾时的车祸发生数反而比晴天时的低。如从深圳市和福建省的交通事故调查中发现：晴天的车祸数量占车祸总数量的 73.3%，阴天的为 15.2%，雨天的为 10.8%，雾天的为 0.5%，大风时为 0.2%。并且晴天时每百起事故死亡数为 135 人，为各类天气类型中的最高，此与驾驶员和行人在晴天时麻痹大意有关。

④ 发生交通事故的地点最多为平直路线，约占事故总数的 58.1%，急弯段次之，为 12.5%，交叉路口为 10.0%，陡坡为 5.7%，其他占 13.7%。但是急弯段每百起事故死亡人数为 136 人，为各个路段的最高，此与驾驶员未能及时判断路面状况有关。市区内的交通事故多为小轿车所致，约占 47.0%，其次为面包车，还有公共汽车及卡车等。在车祸的伤员中，骑自行车者和行人常常是主要的受害者。在自行车事故中，自行车与机动车相撞的事故占比为 45.0%。而行人以 17 岁以及 17 岁以上者为交通事故高发人群，尤以 36 岁～59 岁者最高。死者以农民居多，占全部死亡人数的 52.4%。

(2) 公路交通事故人员伤害的表现特征

据统计，我国每年因交通事故造成的死亡人数较多。公路交通事故伤的死亡率为 2.7%～22.1%，死亡原因主要是严重的颅脑损伤（占 50% 以上），其次为失血性休克（占 20% 以上）和内脏损伤（占 10%），抢险救援之前和期间死亡人数占交通事故死亡人数的 2/3。在受伤人员中，不仅有车上的人员，还有车下的行人等。他们的伤情也不完全相同，所以在抢险救援中应当根据各自的受伤状况和具体部位采取合理恰当的有效方法，避免发生救援性伤害。

3.2.4 公路交通事故的主要特点

(1) 成因多样

车祸大多属于人祸，其成因与空难、海难相比虽要简单一些，但其种类要多得多。从车祸资料上分析，造成车祸的原因大致有以下几种。

① 路况恶劣。由于一些公路设施不完善或年久失修而造成车祸。如陕西咸阳某汽车公司的一辆大客车行驶在乾县城外的公路上，由于公路狭窄，路边水渠没有防护栏，加上渠岸泥土松软等原因，在会让迎面来车时，跌入水渠并爆炸起火，造成 43 人死亡。

② 违章操作。主要指因驾驶员违章操作而造成的车祸。如辽宁省大洼县一辆满载民工的大客车在铁路道口抢道，与一辆直快旅客列车相撞，当场死亡 46 人。又如在山西省交城县公路上，一辆载有 89 名春游学生的大客车，由于驾驶员违章操作，在陡坡弯道上空挡滑行，使车辆失控，迎头撞向山崖，造成 31 人死亡，32 人重伤，18 人轻伤。

③ 气候原因。因气候原因如大雾、暴雨、冰雪等，致使视线不良、路面打滑而造成车祸。如德国的高速公路经过连续 10 多天的严寒风雪袭击，路况极差，当日下午又浓雾弥漫，致使高速公路发生车辆连锁碰撞爆炸，毁车 155 辆，造成 11 人死亡，41 人受伤。

此外，还有因驾驶员酒后驾车、居民交通安全意识淡薄、车辆故障失控、油罐车燃烧爆炸、车厢内失火及车体内有毒化学物质泄漏等原因造成的车祸。

(2) 发生频率高

车祸尤其是公路车祸，整个世界范围内几乎每时每刻都在发生。世界每年平均 1 万人中就有 1 人死于车祸，每 1000 辆汽车中就有一辆撞死人。公路交通事故的死亡率为 2.7‰～22.1‰。随着交通工具的迅速发展，交通负荷日益繁重，车祸问题也日益突出。因此，加强对车祸救护的研究显得非常重要。然而车祸发生次数虽多，但因其个案死亡人数相对较少，不像空难、海难那样规模巨大，故造成的社会影响没有空难、海难严重。

(3) 连锁性强

车祸危害具有很强的连锁性，不仅车辆本身可以车毁人亡，还可能殃及"四邻"，祸及无辜。车辆发生碰撞或颠覆，其油箱和发动机及车载燃爆物均有可能发生爆炸，而且威力大、势头猛，对其附近的车辆、设施都会产生连锁性灾害。如西班牙的一辆液化气罐车在高速公路上发生爆炸，气浪将火焰射向四方，引燃了前后 100 辆汽车，还烧着了路边的丙烯储存罐，当场烧死 150 人，烧伤 100 多人。又如，美国芝加哥市的一辆满载乘客的公交车与一辆载有约 30283 升汽油的油罐车相撞，引起满街大火，8 幢住宅楼被烧毁，车内乘员也因失事地点的一些因素而遭受连锁灾祸。我国重庆市某汽车运输公司一大客车在泸县玄滩镇境内坠落山崖，先是甩到 60 米深的岩崖下，再掉落到水塘中，车上人员先是被撞昏，继而又被水淹，造成 30 人死亡，10 人重伤，24 人轻伤。

另外，车祸发生后，有的不法分子往往趁火打劫，哄抢财物。如在河北至山东的公路上，一辆中巴和一辆大卡车相撞，过路的人不是抢救伤员，而是蜂拥而上，哄抢车上、车下的包裹和物品，很多受伤者因得不到及时抢救而死亡。

(4) 影响面大

车祸的社会影响主要涉及三个方面。一是车祸导致交通中断，影响正常的交通运输秩序，并由此而引发许多社会和经济问题。如法国一市高速公路上一辆长途客车失去控制，不仅先后撞击了两辆小轿车和一辆大客车，导致 50 多人死亡，还使高速公路中断数小时之久。如果发生公路和铁路交叉车祸，交通中断的时间将更长，经济损失也更大。而且，对车祸问题若处理不好，还可能会引发一系列的社会问题。二是境外乘客越来越多,容易造成一定的国际影响。如上海市郊发生过一起火车与火车相撞事故,造成 20 多名日本乘客死亡,引起中日两国高度重视。三是对受难者家属打击大。由于车祸发生突然,而且大多又属人为因素造成,往往给受难者家属造成精神创伤,有的甚至一时难以接受车祸造成的现实而引发失常行为。此外,车祸频发还会引起社会不良舆论,并导致人们对交通运输失去信赖。

3.2.5　交通事故对抢险救援行动的影响

(1) 交通容易受阻

交通事故发生后,往往会引起人员围观和交通阻塞,造成交通秩序混乱,甚至可能因此引发新的车祸,这些情况都直接影响抢险救援力量的快速行动和投入。

(2) 险情隐患突出

交通事故发生后,往往会潜藏多种险情隐患,如车体内的油箱、机械以及车载危险品,都有可能发生爆炸而形成次生灾害,稍有不慎,都有可能危及抢险救援人员的生命安全。

(3) 救援作业复杂

交通事故紧急救护,是异常紧张而又复杂的救援行动。车祸发生后,现场秩序混乱,影响和妨碍救援作业的实施。抢救爆炸和失火性车祸,既要灭火救援,又要救人救物;既要紧急抢险,又要缜密排险;既要快速救助人员,又要认真清理货物,还要防止哄抢。这些都会使救援作业变得更加复杂困难。

3.2.6　抢险救援的行动原则

公路交通事故发生后,随着时间的延长,不仅伤亡率越来越高,而且对交通秩序乃至社会的影响亦将愈加严重,甚至可能引发新的连发灾害。因此,对车祸的抢险救援,必须争取时间,快速反应,力求最大限度地减少损失和伤亡。

(1) 迅速就近调集力量到场

消防指挥中心或调度通信室接到报警或听到车祸消息后,应立即就近调集抢险救援力量,迅速前往车祸现场。其主要任务是对车祸现场进行警戒,并疏导围观人员;查明灾情,并确定救援方案;积极有效、科学合理地采取针对灾情的相应措施,进行交通疏导或交通管制。

(2) 备足所需的器材装备

公路交通事故救援的器材装备,应以多功能抢险救援车为主,尽可能多地携带具有破拆、切割、剪切、扩张、顶撑、拖拉、牵引、吊升等功能的器材。

同时尽可能保证同一种器材数量要多，以便在现场抢险救援中采取组合式操作。此外还要准备必要的消防器材，包括消防车、灭火器、手抬泵以及脸盆、水桶等。

抢救人员或动物时需要的器材，包括医疗器具、担架、麻袋片、食品袋，冬天要准备棉被、棉衣等。此外，还要尽可能多地准备一些躯体和肢体固定气囊。

（3）组织力量准确迅速到达现场

第一出动力量在行进途中，指挥员要保持和119指挥中心的联系，及时掌握事故现场的发展变化情况，要注意行进的公路是否畅通，特别是高速公路事故，要注意取得高速公路交警的配合和帮助，选择合适的入口和行进方向进入。到达现场后要及时向119指挥中心报告向现场行进的最佳线路，给后续增援力量提供方便快捷的行车信息。

（4）快速展开抢险救援作业

第一出动力量到达事故现场后，指挥员应立即简单侦查，根据事故情况进行大致编组和概略分工，采取组合式操作，迅速组织部队展开抢险救援作业。为了使现场的抢险救援行动规范有序进行，在可能的情况下最好把力量分成若干个小组。具体分几个小组应视情况而定，可以组成的小组如下。

① 救援组。可以是若干个，每个小组至少需要3至5人，通常需要剪、扩、撑、切、锯、吊、拉等组合式操作，所以对人员、器材需求很大。

② 警戒组。主要负责维护现场秩序，照看被疏散的人员和物资，并控制现场。

③ 隐患排除组。主要任务是对可能发生的爆炸、有毒物质泄漏、倾翻等潜在的灾害隐患进行清除；对已经发生的燃料泄漏、运输车上的物质泄漏进行控制、回收、输转、堵漏，已经着火的迅速扑灭火灾。

④ 救护组。主要负责抢救车内乘员和物资。

⑤ 遗物收置组。主要任务是收集遗物，搞好登记统计和移交。

部队展开抢救时，应对车祸地域进行简易划分和标示，以免救护行动交叉而产生忙乱。一般可划分为人员看管区、伤员救治区、遇难者尸体停放区和遗物堆放区等。

3.2.7 抢险救援的实施程序和方法

（1）控制事故现场

第一出动力量到场后，应迅速会同当地警力和有关人员对车祸现场进行有效控制。一是划定警戒区，设立警戒标志，疏导围观人员。二是强化交通管制，维护交通秩序。三是严格看管人员和物资，防止发生哄抢和混乱。

（2）清除连锁隐患

第一出动力量到场后，应立即派出隐患排除组迅速对车体内的发动机、储气箱、储油箱、油路、随车危险物等一切可能爆炸和引发火灾的隐患进行消除，以免发生次生灾害，并对周围的地形进行勘察。对可能因车祸造成的山体滑坡、地质下陷、隧道倒塌、桥梁断裂等情况，应及时采取防范措施或进行防范标示。当车体处在悬崖、斜坡或其他不稳定的位置时，应对车体进行固定，防止车体滑落翻倒。固定方法有三种：一是用就便器材顶住，如木棍、三角木、砖块等顶住车体支架和轮胎；二是用钢丝将车体与大型固定物体连接；三是用重型消防车或抢险救援消防车将车体拉住。

（3）救护受伤人员

救护伤员是车祸抢险救援的主要任务。救护时，应按照先急后缓的原则，对危重伤员，应先抬离车体，再进行救治；对于被车体或其他器具挤压的人员，应使用相应的抢险救援器材采取锯、割、撬、扩、搬、拉、吊等方法，先破拆排除障碍，再将其救出；对于躯体、肢体损伤严重的伤员应尽可能利用躯体或肢体固定气囊进行固定，以防发生救助性伤害；如车体着火，应边灭火边救人，并迅速对未着火的车厢进行水幕隔离和防护；如因爆炸引起隧道倒塌并压住车体，更应集中力量抢救受伤人员。

（4）救助破拆的方法

① 人员被挤夹在车内时

a. 车辆变形不大时，可用手将车门打开；

b. 使用撬棍等工具将门撬开；

c. 使用救助气垫和液压式救助器具将车门打开；

d. 使用无齿锯、空气锯等器具切断车门的合叶等部位，有燃料泄漏时，注意不要引发燃料起火。

② 人员夹在座席内时

a. 使用座席的调整杆，移动座席；

b. 取下可卸的座席；

c. 用液压式救助器具将座席与其他相连部位拉开；

d. 进行切割作业时，在紧靠被夹住的待救者旁边，切割容易切断的部位。

③ 人员被夹在事故车辆之间时

a. 当事故为小型车辆时，队员们之间要相互配合，将车的前部或后部稍微移动（向车道方向）；

b. 放掉被夹人员身体两侧方向的轮胎内气体，以扩大间隙；

c. 使用液压式救助器具制造间隙，在适当的部位，设定支撑点，运用移动式卷扬机牵引事故车辆；

d. 用吊车移动车辆。

④ 人员被压在事故车辆下面时

a. 拉上驻车制动器，特别是在倾斜地面上，防止车辆移动；

b. 使用千斤顶将车辆的前部或后部顶起，制造间隙；

c. 使用液压式救助器具，将车体或车轮分开。

⑤ 作业时的注意事项

a. 仔细观察待救者的情况，鼓励待救者增强信心；

b. 在救助行动中注意不要给待救者造成痛苦，同时给待救者盖上毛巾等，防止其被火花灼伤，特别注意不使待救者在事故车辆受到撞击或者在某部位加力时，产生反作用的伤害；

c. 认真检查后再操作救助器具；

d. 受伤人员较多时，要明确本队队员的任务，同时寻求其他中队的协助，保证灾害现场的救助行动顺利进行。

(5) 清理事故现场

当人员、物资全部救出以后，应及时清理现场，尽快恢复交通秩序。

① 搞好登记统计，核查人数，查明死者身份，列出遗物清单。交通事故造成的人员伤亡，往往是非常悲惨的，有的尸体支离破碎。

② 清除因车祸引起的路障，抢修遭破坏的路段，指挥疏导滞留车辆通行。

③ 向当地警方或地方有关部门移交遗物，并协同地方组织遗物和死者遗体后续相关事宜。

④ 如果需要可以积极协同交通部门对车祸现场进行勘查，查明事发原因。

⑤ 有条件时需及时通知卫生防疫部门对车祸地域进行卫生防疫，并进行洗消和清理。

3.2.8 公路交通事故救援过程中应该注意的问题

① 车祸发生后，应严格加强交通管理，必要时，应建议交通管理部门紧急关闭交通道路，特别是高速公路，防止其他车辆拥入相撞或严重堵塞交通。

② 注意自身安全，加强自身防护。火灾扑救过程中，要注意防止油箱爆炸、车胎爆裂、装载危险物品发生爆炸及腐蚀液体烧伤。遇到有毒物品时，应及时佩戴呼吸器，着封闭式防化服。破拆时，应注意玻璃碎片、角铁等尖锐物品。车祸抢险救援时，应组织部分力量对现场外围实施警戒，以配合交通管理部门判断事发原因和车祸性质。

③ 发生车祸的地点如靠近危险地域，应对周围的地形进行勘查，察看是否有滑坡、地层下陷和高压线杆倒落等情况，并固定车体，以免造成车体滑落或翻车。

④ 对未受伤的或轻伤的乘客要集中管理，防止扰乱救护秩序；对闻讯赶至的受难者家属要派人做疏导和解释工作。

3.3 道路交通的安全风险评估

道路交通安全风险评估是交通管理的重要内容，它用于识别路网里高风险的路段并进行全面科学的分析与评估，以便为交通管理者提供决策依据。

3.3.1 道路交通的安全风险识别

道路交通的安全风险识别是以安全防范领域被防护对象的风险识别理论为基础，被防护对象的风险受三个风险因素的重合度的影响，即被防护对象价值、被防护对象面临的威胁、被防护对象自身弱点。具体而言，被防护对象的风险识别由资产的识别、威胁的识别、弱点的识别三部分构成。

在道路交通的安全风险识别中，道路交通的参与者作为被保护对象，其风险取决于道路交通事故的发生遭受损失的可能性及损失（影响）程度。基于此，道路交通的安全风险识别可以分为三部分：道路交通参与者的安全性的识别、潜在道路交通事故的识别以及道路交通参与者的弱点识别。被防护对象面临的价值即为道路交通参与者的安全性，被防护对象面临的威胁即为可能发生的各类道路交通事故，而被防护对象的弱点则为道路交通参与者本身所具有的缺陷与不足，三者关系如图 3-2 所示。

(1) 道路交通参与者的安全性的识别

在安全防范领域中，资产是指安全防范系统用户单位（组织）的员工、财产、信息及程序等。因此，将道路交通的安全风险识别的资产定义为道路交通的参与者的安全性，包括人身安全和财产安全等。

(2) 潜在道路交通事故的识别

一般交通事故按照其严重程度可

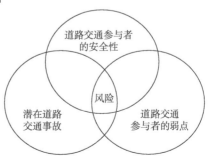

图 3-2 道路交通安全风险因素关系图

划分为特大、重大、一般、轻微，也可依据事故发生地点分为城市类、山区类等。

(3) 道路交通参与者的弱点识别

道路交通参与者的弱点识别是道路交通的安全风险识别中最重要的部分。统计资料分析，大约96%的交通事故都是由交通参与者的违章行为所造成的。因此，驾驶员作为主要的交通参与者，是导致道路交通安全风险的最关键性因素，由表3-2可见机动车驾驶员肇事原因及比例。

表3-2 机动车驾驶员肇事原因及比例统计表

原因	比例/%	原因	比例/%	原因	比例/%
超速行驶	12.86	违章会车	3.73	违章操作	1.15
纵向间距不足	9.97	逆向行驶	3.57	违反交通标志标线	0.82
不按规定让行	9.82	违章变更车道	3.09	违章装载	0.62
措施不当	9.12	判断错误	2.25	违章停车	0.36
疏忽大意	9.08	疲劳驾驶	1.74	违反交通信号	0.32
违章占道行驶	9.08	酒后驾车	1.70	准驾车型不符	0.07
违章超车	7.84	违章掉头	1.60	违章使用灯光	0.06
违章转弯	4.84	违章倒车	1.30	其他	5.01

3.3.2 道路交通的安全风险分析

风险分析包含两种关系分析内容，即威胁-资产（即可能的损失及影响）关系、威胁-弱点（即损失发生的概率）关系。在道路交通的安全风险分析中，将这两种关系分析具体转换为潜在道路交通事故-道路交通参与者的安全性（可能的损失及影响）关系分析和潜在道路交通事故-道路交通参与者的弱点（损失发生的概率）关系分析。

(1) 潜在道路交通事故-道路交通参与者的安全性关系分析

针对某资产的威胁在时间（空间）上与该资产产生重叠，则可能发生潜在的资产损失，并引发潜在的影响，损失影响又常常进一步引起资产的间接损失，因此不能简单地忽视由该资产损失所引发的其他影响。在道路交通系统中，潜在道路交通事故与道路交通参与者的安全性之间的关系可以分为四种情况。一是在空间与时间上都重叠。此时，道路交通参与者就是交通事故的当事人，直接参与事故全过程，遭受的损失最为严重。二是在时间上重合，在空间上不重叠。此时道路交通参与者与交通事故的发生没有直接关系，无直接损失发生，可能遭受间接影响。三是在空间上重合，在时间上不重叠。此时道路交通参与者与交通事故的发生也没有直接关系，无直接损失发生，可能遭受间接影响。四是在空间与时间上都不重叠。此时道路交通参与者与交通事故几乎没有任何联系，无直接损失发生，几乎不受间接影响。

由此可见，当潜在道路交通事故与道路交通参与者的安全性在空间与时间上均重叠，即道路交通参与者为道路交通事故当事人时，损失最为严重。因此，要对这种情况的损失（影响）程度进行分析。一方面，在同一威胁下，损失（影响）程度由资产特征决定，即在相同的道路交通事故中，道路交通参与者的安全特性决定损失（影响）程度。另一方面，同一资产面对不同威胁也会产生不同的损失（影响），即同一道路交通参与者在不同的道路交通事故中所遭受的损失（影响）不同。

一般而言，道路交通事故的影响程度与其所受的损失成正比例。因此，可以认为损失和影响程度的优先顺位相同，并按照表3-3规则进行排序。

表3-3 损失（影响）程度排序表

等级	事故类型	事故表现
A	特大事故	一次造成死亡3人以上，或重伤11人以上，或死亡1人、重伤8人以上，或死亡2人、重伤5人以上，或财产损失6万元以上
B	重大事故	一次造成死亡1至2人，或重伤3人以上10人以下，或财产损失3万元以上不足6万元
C	一般事故	一次造成重伤1至2人，或轻伤3人以上，或财产损失不足3万元
D	轻微事故	一次造成轻伤1至2人，或财产损失的数额中机动车事故不足1000元、非机动车事故不足200元

按照此排序，确定损失（影响）程度在记录表格中应自左至右增加，并且分别以低、中、高表示，即轻微事故为低，一般事故为中，重大事故和特大事故为高。

(2) 潜在道路交通事故-道路交通参与者的弱点关系分析

潜在道路交通事故和道路交通参与者的弱点关系分析是对两者的重合情况——由道路交通参与者的弱点酿成事故发生的可能性大小情况进行研究。

借助于所分析路段大量的交通事故数据，可以统计得出表3-2中不同道路交通参与者的弱点所导致道路交通事故的比例。将表3-2中道路交通参与者的弱点按照其引发交通事故比例从小到大在记录表格中按自上至下排序，并分别以低、中、高表示，如表3-4所示。

表 3-4 可能性排序记录表

等级	引起道路交通事故的道路交通参与者的弱点
低	违章操作；违反交通标志标线；违章装卸；违章停车；违反交通信号；准驾车型不符；违章使用灯光
中	违章会车；逆向行驶；违章变更车道；判断错误；疲劳驾驶；酒后驾车；违章掉头；违章倒车
高	超速行驶；纵向间距不足；不按规定让行；措施不当；疏忽大意；规章占道行驶；违章超车；违章转弯

3.3.3 道路交通的安全风险评价

由道路交通的安全风险分析结果可以获得道路交通安全的两个风险量值：潜在损失（影响）程度和损失发生的概率。基于此，借助于图 3-3 风险评估的矩阵进行道路交通的安全风险评价。如图 3-3 所示，潜在道路交通事故与道路交通参与者的安全性产生的低、中、高关系，表示损失（影响）程度；潜在的道路交通事故和道路交通参与者的弱点产生的低、中、高关系，表示损失发生可能性；损失（影响）程度与损失发生可能性产生的低、中、高关系，表示道路交通安全风险程度。

		损失（影响）程度		
	风险程度	低	中	高
可能性	低	低	低	中
	中	低	中	高
	高	中	高	高

图 3-3 风险评估矩阵

矩阵（图 3-3 中 9 个无填充色的方格）的左上角栏代表低可能性-低影响程度的道路交通安全风险，如违章使用灯光所引起的轻微事故等，这类道路交通安全风险相对较小，因为其很少造成损失并且损失（影响）程度很小。矩阵右上角栏代表低可能性-高影响程度的道路交通安全风险，如违章使用灯光引起的特大、重大事故，这类损失虽然发生可能性小，但发生后所引起的损失（影响）程度大。矩阵左下角栏代表高可能性-低影响程度的道路交通安全风险，如超速行驶引起的轻微事故，虽然发生可能性较大，但其损失（影响）程度较小。矩阵右下角栏代表高可能性-高影响程度的道路交通安全风险，如超速行驶引起的特大、重大事故，这类道路交通安全风险发生的可能性大且造成的损失（影响）程度也很大。

第 4 章
典型交通事故案例

4.1 社会车辆交通事故

2019年4月26日6时30分许,某县路口路段发生一起重型半挂牵引车与轮式专用车碰撞的交通事故,造成一人死亡。

2019年7月9日,根据《生产安全事故报告和调查处理条例》和《广东省安全生产监督管理局 公安厅 交通运输厅 教育厅印发〈广东省生产经营性道路交通责任事故调查处理工作指引〉的通知》文件规定,经县人民政府批准,成立了由县安委办副主任(应急管理局副局长)任组长,镇政府、县交警大队、县总工会、县交通运输局、县应急管理局等相关人员任组员组成的生产经营性道路交通责任事故深度调查组,依法开展事故调查。

调查组严格按照《生产安全事故报告和调查处理条例》的规定和生产安全事故"四不放过""科学严谨、依法依规、实事求是、注重实效"的原则组织调查。通过对事故现场勘查、调阅相关档案材料、询问笔录、事故原因分析等多种方式进行调查,已查明事故发生经过和原因,认定了事故性质,现将情况报告如下。

4.1.1 基本情况

(1) 事故车辆情况

① 重型半挂牵引车和重型平板半挂车的车辆所有人均属东莞市某汽车服务有限公司,车辆实际支配人为周某。重型半挂牵引车注册日期为2016年12月16日,检验有效期至2019年12月31日,整备质量8800kg,准牵引总质量40000kg。该车于2016年12月27日取得了道路运输证。重型平板半挂车注册日期为2016年12月16日,检验有效期至2019年12月31日,整备质量

7500kg，核定载质量 32500kg。该车于 2016 年 12 月 27 日取得了道路运输证。发生事故时，该车为空车，未载货物。重型半挂牵引车购有交通事故强制责任险和商业险，该车 2017 至 2019 年有 27 条已处理的违法记录，没有交通事故记录。

② 无号牌轮式专用车（叉车），厂牌型号不详，车身表面见某某叉车字样。车辆实际支配人为某建筑工程劳务有限公司，由其下属小型预制构件加工厂使用，无投保公司。该叉车无年度检测报告，未办理叉车使用登记证。

(2) 事故车辆驾驶员情况

① 重型半挂牵引车和重型平板半挂车驾驶人为袁某，持 A2 型机动车驾驶证，于 1992 年 8 月 31 日初次取得机动车驾驶证，有效期至 2024 年 8 月 31 日。符合驾驶重型半挂牵引车的条件。袁某有道路运输从业人员从业资格证，从业资格类别为货运驾驶员，有效期至 2025 年 2 月 23 日，事故发生时在有效期内。袁某为周某聘请的驾驶员，经查：袁某 2017 至 2019 年有 23 条交通违法记录，无交通事故记录。经交警部门对袁某的血液送广东某司法鉴定中心进行检验，得到如下鉴定意见：袁某血液中未检出乙醇成分，未酒后驾驶。另经交警部门对袁某的尿液进行现场吸毒检测，得出如下结果：袁某的毒品现场检测结果为阴性。

② 无号牌轮式专用车（叉车）驾驶人为杨某，无叉车作业操作证。杨某为某建筑工程劳务有限公司聘请的员工。

(3) 事故车辆检验检测及车速鉴定情况

经交警部门委托广东某司法鉴定中心对肇事车辆的安全技术状况、车速进行检验，得到如下鉴定意见。

① 袁某驾驶的重型半挂牵引车和重型平板半挂车检验结果：该车的制动系统、转向系统及行驶系统均功能有效。

② 杨某驾驶的无号牌轮式专用车（叉车）检验结果：该车的制动系统、转向系统及行驶系统均未见异常；属场（厂）内机动车辆。

③ 重型半挂牵引车和重型平板半挂车与无号牌轮式专用车（叉车）的碰撞检验结果：事发时由西向东行驶的重型半挂牵引车及其拖挂的重型平板半挂车，其半挂车左侧轮胎、轮毂与由北向南行驶的无号牌轮式专用车（叉车）发生接触、碰撞可以成立。

④ 对发生事故时袁某驾驶的重型半挂牵引车和重型平板半挂车车速鉴定结果：碰撞前的行驶速度约为 80km/h。

(4) 事故现场基本情况

① 天气情况：事发时间 2019 年 4 月 26 日 6 时 30 分许，晴天，为白天早

上，视线清晰度良好，能见度好。

② 道路情况：事故位置为某县一路口路段，道路为东西走向，东往某县某镇，西往某县某汉镇，沥青路面，有标志标线，道路平直。

(5) 事故单位情况

① 东莞市某汽车服务有限公司，法定代表人为黄某，企业类型为有限责任公司（自然人投资或控股），成立日期为2015年12月，经营范围：代办汽车年审、机动车违章处理；汽车租赁；道路普通货运。该公司于2016年2月19日取得道路运输经营许可证，经营范围包括普通货运、货物专用运输（集装箱）、货物专用运输（冷藏保鲜）、货物专用运输（罐式），有效期至2019年12月31日。2016年12月10日，列某通过个人购车借款合同方式，购买重型半挂牵引车和重型平板半挂车，并于当天与东莞市某汽车服务有限公司签订合作经营合同，有效期至2021年12月10日，以每年按人民币1000元的经营管理费支付给东莞市某汽车服务有限公司，没有签订安全协议。东莞市某汽车服务有限公司负责对该运输车进行管理，包括组织车辆年审、技术检测、安全检查、维护和主管部门年度考核。在2017年12月，车主列某以人民币20万元整价格将该车转让给周某，并以列某名义继续挂靠东莞市某汽车服务有限公司做营运。

② 某建筑工程劳务有限公司，类型为有限责任公司（自然人投资或控股），法定代表人为姚某，注册资本人民币1亿元，成立日期为2016年10月，期限为长期，经营范围为建筑劳务分包、建筑工程、装饰工程、园林绿化、防水防腐工程等。建筑业企业资质证书有效期为2017年8月8日至2022年8月7日，资质类别及等级：施工劳务不分等级。安全生产许可证许可范围为建筑施工，有效期为2017年12月1日至2020年12月1日。某建筑工程劳务有限公司与死者杨某在2017年9月11日签订了劳务合同书，在合同第五项劳动保护第八条明确规定："甲方应对乙方进行上岗前安全生产教育。乙方从事特种作业的必须经过专门培训并取得特种作业资格后持证上岗。"某建筑工程劳务有限公司旗下设有一个小型预制构件加工厂，该加工厂负责人是杨某某，杨某为该加工厂预制工。该加工厂主要负责路基防护工程的预制块预制，于2019年4月23日已结算完工。

4.1.2 事故发生和应急处置概况

(1) 事故发生经过

2019年4月26日6时30分许，袁某驾驶重型半挂牵引车/重型平板半挂车从广州市增城区往某县某镇方向行驶（路面限速60km/h），途经某县一路口路段，因前方有辆货车行驶比较慢，袁某在驾驶货车左边车道超车时（速度约

80km/h），与杨某驾驶的无号牌轮式专用车（叉车）发生碰撞，造成无号牌轮式专用车（叉车）翻倒。事故发生后，袁某立即下车查看情况，并马上打120、110，交警部门、镇卫生院救护车于6时50分到达现场进行抢救，经医务人员现场抢救，宣布杨某抢救无效死亡。县公安司法鉴定中心出具了《居民死亡医学证明（推断）书》。事故发生时，袁某正履行周某交代的工作任务，从广州市增城区准备到某县提货；杨某在未经任何人允许的情况下，擅自驾驶叉车上路（具体原因不明）。

(2) 应急处置情况

2019年4月26日6时30分许，县公安局指挥中心接到群众报警，报警人称在某县路口发生一宗重型货车与叉车碰撞的交通事故，叉车驾驶员受伤请求出警。民警于6时35分接到出警指令，6时35分许李某中队长带领值班民警钟某等人员出警，并于6时50分到达事故现场。

到达现场后，民警发现事故现场一辆无号牌轮式专用车（叉车）压着一人倒在路口边上。镇卫生院救护车于6时50分到达现场进行抢救，经医务人员现场抢救，宣布杨某抢救无效死亡。李某中队长立即向县交警大队长吴某汇报并安排工作人员维护现场，吴某带领事故处理中队值班民警到达现场后，立即安排民警开展安全防护、现场勘查、调查取证等各项工作并通知县殡仪馆前往将尸体运回防腐。8时15分，事故现场清理完毕，恢复交通，交警部门现场暂扣重型半挂牵引车/重型平板半挂车和无号牌轮式专用车（叉车）。

(3) 应急处置评估意见

经评估，事故发生后，事故救援先期响应迅速、现场处置得当、救援行动开展有序，对该路段车流做好疏导，事故应急处置到位，救援过程未发生二次事故，符合道路交通事故处理有关法律法规的要求。

(4) 善后处理情况

事故发生后，县公安交警大队成立专门的事故善后应急处置工作小组，研究制定事故善后处置工作方案，积极协调司法、维稳等职能部门开展善后维稳、死者家属安抚等各项工作。县公安局交警部门调查并出具道路交通事故认定书，重型半挂牵引车/重型平板半挂车驾驶人袁某负事故的主要责任，无号牌轮式专用车（叉车）驾驶人杨某负事故的次要责任。死者家属已将杨某遗体于2019年6月28日在县殡仪馆火化。事故发生至今，未发生死伤者家属上访、闹访等事件，善后处置得当。

4.1.3 事故伤亡情况及直接经济损失

① 事故造成1人死亡，死者为无号牌轮式专用车（叉车）驾驶者杨某，无

叉车特种作业操作证。

② 事故造成直接经济损失约人民币 99.7 万元。

4.1.4 事故原因及性质

(1) 直接原因

① 驾驶人袁某违规驾驶机动车辆。事发时，其驾驶重型半挂牵引货车违规超过限速标志标明的最高速度并超越车道行驶，与杨某驾驶的场（厂）内机动车辆发生碰撞，是导致事故发生的主要原因之一。

② 杨某交通安全法律意识淡薄。其未取得场（厂）内机动车特种作业操作证且驾驶机件不符合安全技术标准的场（厂）内机动车（叉车）上道路行驶，也是导致事故发生的主要原因之一。

(2) 间接原因

① 东莞市某汽车服务有限公司未认真落实企业安全生产主体责任。该公司未按规定对从业人员进行安全生产教育和培训，未按规定如实记录安全生产教育和培训的时间、内容、参加人员以及考核结果等情况，未定期对下属车辆进行维护和检测、对车辆进行实时监控等职责，对挂靠车辆日常监控和管理不到位，致使驾驶机动车司机袁某违反道路交通安全法律法规和未按照操作规范安全驾驶、文明驾驶。

② 某建筑工程劳务有限公司安全管理不到位。该公司聘请未持有特种作业操作证人员上岗作业，未对公司所使用的特种设备（叉车）进行年审检验，未制定叉车安全操作规程，对特种设备和施工人员管控不到位，安全培训不到位，导致杨某违规驾驶场（厂）内机动车（叉车）在道路上行驶。

(3) 事故性质

经调查认定，此次道路交通事故是一起一般生产安全责任事故。

4.1.5 事故防范和整改措施

县交通运输部门、公安交警部门、镇政府等各有关单位应当吸取此次事故的深刻教训，认真贯彻落实安全生产工作的一系列决策部署，牢固树立科学发展、安全发展理念，强化安全生产红线意识，健全完善安全生产责任体系，强化道路交通安全执法，坚决避免类似事故重复发生。

① 加大宣传力度，增强安全警示意识。要充分利用好各种平台，加大宣传力度，到运输企业、建筑企业等重点单位开展安全生产宣传教育工作，警醒相关责任人员要严格落实安全生产责任制度，用事故案例警示人、教育人，努力营造良好的道路交通安全环境，有效防范和坚决遏制道路交通事故的

发生。

② 东莞市某汽车服务有限公司应加强运输车辆驾驶员的安全培训，提升其安全意识，严禁超速行驶。

③ 某建筑工程劳务有限公司应加强员工安全教育，强化员工安全意识，防患于未然。

4.2 危化品运输车辆交通事故

2014年7月19日2时57分，湖南省邵阳市境内沪昆高速公路某处，一辆自东向西行驶运载乙醇的轻型货车，与前方停车排队等候的大型普通客车（以下简称大客车）发生追尾碰撞，轻型货车运载的乙醇瞬间大量泄漏并起火燃烧，致使大客车、轻型货车等5辆车被烧毁，造成54人死亡、6人受伤（其中4人因伤势过重医治无效死亡），直接经济损失5300余万元。

事故发生后，党中央、国务院领导同志高度重视，要求做好事故救援和善后工作，尽力减少人员伤亡，尽快查明事故原因，依法依规严肃追责，要汲取事故教训，采取有力措施，进一步加强道路交通安全和危化品运输安全监管，全面排查整治安全隐患，严防重特大事故发生。

遵照党中央、国务院领导同志的重要批示要求，依据《中华人民共和国安全生产法》（以下简称《安全生产法》）和《生产安全事故报告和调查处理条例》等有关法律法规规定，2014年7月21日，国务院批准成立了由国家安全监管总局、公安部、监察部、交通运输部、全国总工会、湖南省人民政府有关负责同志等参加的国务院特别重大道路交通危化品爆燃事故调查组（以下简称事故调查组），开展事故调查工作。事故调查组邀请最高人民检察院派员参加，并聘请了公安、交通、消防、车辆、质监、化工、塑料加工等方面的专家参加事故调查工作。

事故调查组按照"四不放过"和"科学严谨、依法依规、实事求是、注重实效"的原则，通过现场勘验、调查取证、检测鉴定、研究试验、专家论证、综合分析等，查明了事故发生的经过、原因、人员伤亡和直接经济损失情况，认定了事故性质和责任，提出了对有关责任人和责任单位的处理建议，并针对事故原因及暴露出的突出问题，提出了事故防范措施建议。现将有关情况报告如下。

4.2.1 基本情况

(1) 事故车辆和驾驶人情况

① 轻型货车及其驾驶人

a. 车辆情况。

肇事车为轻型货车,该车类型为篷式运输车。机动车整备质量2.72t,最大设计总质量4.495t;核定载货量1.58t,实际装载乙醇6.52t。机动车登记所有人为周某,注册登记日期为2013年3月22日,登记时载明车辆类型为轻型仓栅式货车,检验有效期至2015年3月31日。该车于2013年3月26日办理道路运输证,经营范围为普通货运,有效期至2014年4月10日,事故发生时已过期,未取得危险货物道路运输资格。该车实际使用人为周某的儿子,即长沙某化工有限公司法定代表人周某某。

该车在购进时仅有货车二类底盘,未随车配备货厢,后在长沙市某货柜加工厂为其加装了右侧有一扇侧开门的货厢,同时将后轴钢板弹簧厚度从11mm增加到13mm,在货厢前部设置有一个容积$1.06m^3$的夹层水槽。在货厢左侧下部前、后各安装一个方形箱体并在箱体内加装了卸料泵和阀门,前方形箱体的阀门与夹层水槽连接;在货厢下部加装了与夹层水槽及方形箱体内的阀门连接的铁管,后方形箱体的阀门通过铁管与夹层水槽连通。为运输乙醇,周某某在长沙市某塑料厂定制了一个长、宽、高分别约为3.5m、1.5m、1.8m的用聚丙烯板材制作的方形罐体,用方钢框架将罐体加固置于货厢内。车辆前脸及货厢左右两侧、后部均喷涂有某渔业的字样。

b. 驾驶人情况。

刘某,轻型货车驾驶人(在事故中死亡),2011年5月13日初次取得机动车驾驶证,准驾车型B2,有效期至2017年5月13日;2011年5月28日取得道路运输从业资格证,从业资格类别为普通货物运输,有效期限至2017年5月27日;未取得道路危险货物运输从业资格证。

② 大客车及其驾驶人

a. 车辆情况。

大客车,核载53人,事发时实载56人(其中儿童3名、幼儿1名)。机动车登记所有人为福建某汽车运输股份有限公司城厢分公司(以下简称城厢分公司),注册登记日期为2010年10月21日,检验有效期至2014年10月31日。该车于2010年10月22日办理道路运输证,有效期至2014年12月31日,经营范围为省际班车客运、省际(旅游)包车客运,经营线路为福建某汽车总站至四川某客运站,沿途无停靠站点。城厢分公司根据福建某汽车运输股份有限公司

(以下简称某汽车运输公司)授权将该车及某经营线路承包给余某,承包期限自2010年10月28日至2014年10月31日。

b. 驾驶人情况。

贾某(在事故中受伤,后因伤势过重于2014年8月11日医治无效死亡),1996年4月30日初次取得机动车驾驶证,准驾车型A1、A2,有效期至2015年4月30日;2008年5月4日取得道路运输从业资格证,有效期至2014年5月3日。

彭某(在事故中死亡),1988年10月13日初次取得机动车驾驶证,准驾车型A1、A2,有效期至2015年10月13日;2008年4月22日取得道路运输从业资格证,有效期至2014年4月22日。

按照四川省交通运输厅道路运输管理局《关于道路运输从业人员从业资格证有效期延期的通知》,由于从业资格证编码规则的调整,为不影响道路运输从业人员的正常从业活动,将原从业资格证有效期延长180天,贾某、彭某从业资格有效期分别延长至2014年11月3日和2014年10月22日。

(2) 事故单位情况

长沙某化工有限公司。该公司成立于2009年8月3日,法定代表人周某某,注册资本人民币20万元,具有乙醇等危险化学品的经营许可资格,有效期至2015年12月1日,经营方式为批发(无自有储存和运输)。公司共有员工15名,其中安全管理人员1名。该公司自2013年3月份开始一直使用轻型货车运输乙醇。

某汽车运输公司。该公司成立于2002年,注册资本人民币8000万元,总资产5.05亿元,具有从事道路旅客运输的运营资质,公司下设城厢分公司等21个二级单位。大客车隶属于城厢分公司,城厢分公司不具备独立法人资格,由某汽车运输公司授权独立经营。

(3) 相关涉事单位情况

① 长沙市某化工原料有限公司。该公司成立于2002年4月23日,法定代表人李某,实际控制人戴某,注册资本人民币500万元,具有乙醇等危险化学品的经营许可资格,有效期至2015年10月23日,经营方式为储存经营。公司共有员工50名,其中安全管理人员6名。该公司无自有储存场所,自2005年4月起租赁长沙市某液化石油气发展有限公司的场地及储存设施,储存乙醇、甲醇、酮类等物料。本次事故中轻型货车所运乙醇系长沙某化工有限公司从该公司购买并充装。

② 某汽车股份有限公司某汽车厂。该厂成立于2006年10月20日,是某汽车股份有限公司直属的商用车制造工厂,经营范围包括制造、销售轻型汽车、

低速货车、农用机械、拖拉机及配件、模具、冲压件、机械电气设备,以及进出口业务等。本次事故中肇事的轻型货车用于加装货厢的货车二类底盘系在该厂生产。

③ 长沙市某汽车销售有限公司。该公司成立于2012年9月7日,法定代表人刘某,注册资本人民币100万元。经营范围包括汽车(不含小轿车)、农用车、机械设备及配件的销售,代办机动车上牌,不包括货车二类底盘的销售。本次事故中肇事的轻型货车用于加装货厢的货车二类底盘系该公司出售。

④ 长沙市某货柜加工厂。该厂系民营企业,经营者为彭某,经营范围包括货柜加工、销售及维修服务。该厂未列入《道路机动车辆生产企业及产品公告》,不得从事汽车生产及改装。本事故中肇事的轻型货车在该厂进行了加装货厢、更换钢板弹簧等改装。

⑤ 长沙市某塑料厂。该厂是一家无照经营的私营塑料罐体加工厂,经营者为唐某,肇事的轻型货车所用的聚丙烯材质方形罐体系在该厂制作。

⑥ 长沙市某机动车辆检测有限公司。该公司原名为某机动车辆检测站,2013年2月7日变更为长沙市某机动车辆检测有限公司,法定代表人为喻某,注册资本人民币150万元。该公司具有计量认证证书和机动车安全技术检验机构检验资格许可证,检验产品/类别为机动车安全技术检验(四轮及四轮以上)。2013年3月18日肇事轻型货车在该公司进行了注册登记检验,整车检验结论为"合格(建议维护)"。

⑦ 湖南长沙某汽车检测站有限公司。该公司成立于1994年3月26日,法定代表人为龚某,注册资本人民币50万元。该公司具有计量认证证书和机动车安全技术检验机构检验资格许可证,检验产品/类别为机动车安全技术检验(四轮及四轮以上)、机动车安全技术等级评定(四轮及四轮以上)。2014年3月10日肇事轻型货车在该公司进行了在用机动车检验,整车检验结论为"合格(建议维护)"。

(4) 事故道路情况

事故发生路段位于湖南省邵阳市境内沪昆高速公路某处,东西走向,双向四车道,水泥混凝土路面,小客车限速120km/h,其他车辆限速100km/h。事故发生地点在由东向西车道,第一、第二行车道宽均为3.7m,应急车道宽2.9m,道路线形为左向转弯,弯道半径2000m,超高值2%,自东向西下坡坡度0.5%。

事发地点2014年7月19日凌晨1时至4时为晴天,能见度10.5~20km,温度24.0~24.9℃,空气湿度90%~95%。凌晨3时风速为2.5m/s,风向为东北风。

4.2.2 事故发生和应急处置概况

(1) 事故发生前的路段状况

2014年7月19日1时12分（本次事故发生前1小时45分钟），在沪昆高速公路上，一辆自西向东行驶的空油罐车冲过中央隔离护栏，与自东向西行驶的一辆大型客车和一辆小型客车发生剐碰并起火，造成1人死亡，双向交通中断，出现车辆排队。湖南省高速公路交警在自东往西方向距事故点300m以外，实施临时交通管制，禁止车辆进入事故现场路段，并安排一辆警车在自东往西方向距离车流尾端500m外向来车方向，随滞留车辆的增多，适时移动警车，通过闪警灯、鸣警笛、喊话方式示警。至本次事故发生时，自东向西方向车道内排队车辆约400辆，排队长度约3.1km。

(2) 事故发生经过

2014年7月18日6时45分，由贾某、彭某驾驶的大客车载1名乘客从福建省长乐区出发（未按规定到某汽车总站进行安全例检和办理报班手续），该车未按核准路线行驶，行经沈海高速、厦蓉高速，沿途在福建、江西境内上下客9次。22时26分，该大客车沿炎睦高速进入湖南省境内，此时车上共有乘客54人，后再无人员上下车。19日2时57分，贾某驾驶大客车到达沪昆高速公路某处时，因前方临时交通管制停于第一车道排队等候。

7月18日17时，刘某驾驶轻型货车在长沙某化工原料有限公司土桥仓库充装6.52t乙醇，运往湖南某药业有限公司，行经长沙绕城高速公路、长潭西高速公路，22时45分进入沪昆高速公路。

7月19日2时57分，该轻型货车沿沪昆高速公路由东向西行驶至某路段时，以85km/h的速度与前方排队等候通行的大客车发生追尾碰撞，致轻型货车运载的乙醇瞬间大量泄漏燃烧，引燃轻型货车、大客车及前方快车道上排队的小型越野车、右侧行车道上排队的重型厢式货车和铰接列车，造成大客车52人死亡、4人受伤，轻型货车2人死亡，重型厢式货车和小型越野车各1人受伤，5辆车被烧毁以及公路设施受损。

(3) 应急处置情况

事故发生后，湖南省高速公路交警、邵阳市消防救援人员迅速赶到事故现场进行处置。接报后，湖南省人民政府主要负责同志和有关负责同志赶赴现场，成立了事故救援处置工作组，指导救援和善后处置工作。湖南省、邵阳市、隆回县公安、消防、交通、安监、卫生等部门人员迅速赶赴现场全力开展应急处置工作。由国家安全监管总局、公安部、交通运输部有关负责同志组成的工作组，于事发当天赶到事故现场，指导协调地方政府做好事故处置和善后工作。

2014年7月19日凌晨5时30分，现场大火被扑灭；7时30分，现场救援工作基本结束；上午8时，车辆借道对向车道恢复通行；7月20日凌晨5时，事故现场清理完毕，道路恢复正常通行。

接到事故情况报告后，福建省、四川省人民政府有关负责同志带领有关部门和相关地方政府负责同志赶赴现场，协助做好事故善后和赔付工作。福建省莆田市积极协调保险企业垫付赔偿费用，确保了赔偿金及时到位。湖南省、邵阳市、隆回县人民政府和卫生部门调集多名专家，全力救治受伤人员；邵阳市、隆回县人民政府及有关部门全力做好死伤人员家属的接待和安抚工作，及时与全部遇难者家属签订了赔偿协议，落实赔偿事宜。事故善后工作平稳有序。

(4) 伤亡人员核查情况

事故发生后，在国务院事故调查组的督促指导下，湖南省公安厅组织开展遇难人数和身份核定工作，通过现场勘查、DNA比对、外围调查、遇难者亲属排查、技术侦查等方法反复核查比对，于2014年7月26日确定在事故现场有54人遇难，并对遇难者身份全部予以确认。6名受伤人员中，有4人因伤势过重医治无效分别于7月26日、8月3日、8月11日、9月3日死亡。

4.2.3 事故原因及性质

(1) 直接原因

这起事故是由轻型货车追尾大客车致使轻型货车所运载乙醇泄漏燃烧所致。

车辆追尾碰撞的原因：刘某驾驶严重超载的轻型货车，未按操作规范安全驾驶，忽视交警的现场示警，未注意观察和及时发现停在前方排队等候的大客车，未采取制动措施，致使轻型货车以85km/h的速度撞上大客车。其违法行为是导致车辆追尾碰撞的主要原因。

贾某驾驶大客车未按交通标志指示在规定车道通行，遇前方车辆停车排队等候时，作为本车道最末车辆未按规定开启危险报警闪光灯，其违法行为是导致车辆追尾碰撞的次要原因。

起火燃烧和造成大量人员伤亡的原因：轻型货车高速撞上前方停车排队等候的大客车尾部，车厢内装载乙醇的聚丙烯材质罐体受到剧烈冲击，导致焊缝大面积开裂，乙醇瞬间大量泄漏并迅速向大客车底部和周边弥漫，轻型货车车头右前部碰撞变形造成电线短路产生火花，引燃泄漏的乙醇，火焰迅速沿地面向大客车底部和周围蔓延并将大客车包围。经调查和现场勘验，事故路段由东向西下坡坡度0.5%，事发时段风速2.5m/s，风向为东北风。经专家计算，火焰从轻型货车车头处蔓延至大客车车头，将大客车包围所需时间不足7s，最终仅有6人从大客车内逃出,其中2人下车后被大火烧死,4人被严重烧伤(烧伤面积均在90%以上),轻型货车上2人死亡,小型越野车和重型厢式货车各1人受伤。

(2) 间接原因

① 长沙某化工有限公司、长沙市某化工原料有限公司违法运输和充装乙醇。

长沙某化工有限公司违反《危险化学品安全管理条例》规定,从2013年3月份以来一直使用非法改装的无危险货物道路运输许可证的肇事轻型货车运输乙醇。长沙市某化工原料有限公司违反《危险化学品安全管理条例》规定,安全管理制度不落实,未查验承运危险货物的车辆及驾驶员和押运员的资质,多次为肇事轻型货车充装乙醇。

② 某汽车运输公司安全生产主体责任落实不到位。

某汽车运输公司对承包经营车辆管理不严格,对事故大客车在实际运营中存在的站外发车、不按规定路线行驶、凌晨2时至5时未停车休息等多种违规行为未能及时发现和制止。开展道路运输车辆动态监控工作不到位,未能运用车辆动态监控系统对车辆进行有效管理。

③ 长沙市某汽车销售有限公司和某汽车股份有限公司某汽车厂违规出售汽车二类底盘、违规出具车辆合格证。

长沙市某汽车销售有限公司不具备二类底盘销售资格,超范围经营车辆二类底盘,并违规提供整车合格证。某汽车股份有限公司某汽车厂向经销商提供货车二类底盘后,在对整车状态未确认的情况下违规出具整车合格证。

④ 长沙市某货柜加工厂、某塑料厂非法从事车辆改装和罐体加装。

长沙市某货柜加工厂无汽车改装资质,违规为本事故中肇事的轻型货车进行了加装货厢、更换钢板弹簧等改装。长沙市某塑料厂在明知周某某有意使用塑料罐体运输乙醇的情况下,为轻型货车制作和加装了聚丙烯材质的方形罐体。

⑤ 长沙市某机动车辆检测有限公司和湖南长沙某汽车检测站有限公司对机动车安全技术性能检验工作不规范、管理不严格。

长沙市某机动车辆检测有限公司对肇事轻型货车进行机动车注册登记前的安全技术性能检验中,外观查验员无检验资格;未保存机动车安全技术检验记录单(人工检验部分);检验报告中底盘动态检验、车辆底盘检查无检验员签字、无送检人签字;检验报告中车辆的转向轴悬架形式标为"独立悬架",与车辆实际特征不符。湖南长沙某汽车检测站有限公司在为肇事的轻型货车进行机动车年度检验前的安全技术性能检验中,未发现和督促纠正整车质量5.873t大于最大设计总质量 4.495t 的问题；检验报告上的批准人不具有授权签字人资格且无"送检人签字"。

⑥ 湖南省交通运输部门履行道路货物运输安全监管职责不得力，福建省莆田市交通运输部门履行道路客运企业安全监管职责不到位。

a. 湖南省、长沙市和长沙市某区交通运输部门对道路货物运输安全日常监管、打击无资质车辆非法运输危险化学品工作不得力。

长沙市某区交通运输局对肇事轻型货车普通道路货物运输证年审把关不严，违反规定为该车办理了年审手续；对普通道路货物运输安全监管不得力，对无资质车辆运输危险化学品行为打击不力。

长沙市货物运输管理局对某区交通运输局指导不力，对长沙某化工原料有限公司长期容许无资质车辆运输危险化学品监管不力，对无资质运输危险化学品车辆违法行为监管不严。

长沙市交通运输局对该市货物运输管理局和某区交通运输局履行危险货物运输安全监管职责督促检查不到位，组织开展道路货运"打非治违"工作不力。

湖南省交通运输厅及道路运输管理局贯彻落实相关道路运输安全法律法规不到位，对交通运输部门开展道路货物运输"打非治违"工作督促检查不到位。

b. 福建省莆田市、莆田市某区交通运输部门对道路客运企业安全监管不到位。

莆田市某区运输管理所督促事故企业落实客运安全管理主体责任不到位，对企业长途营运车辆动态监控工作监督检查不力，督促企业落实凌晨2时至5时停车休息制度不力，未及时发现和查处事故企业的客车站外发车、不按规定路线行驶等违规行为。

莆田市某区交通运输局对该区运输管理所履行客运安全监管工作督促指导不力，对长途营运车辆动态监控监督检查不到位。

莆田市运输管理处对事故企业客运安全监督检查不到位，督促指导某区交通运输局及运输管理所开展安全监督检查和隐患排查治理不力。

莆田市交通运输局对该市运输管理处和某区交通运输局履行客运行业安全监管职责督促指导不到位，对基层运管部门工作人员培训指导不够。

⑦ 湖南省公安交警部门履行事故处置、路面执法管控、机动车检验审核等职责不力。

a. 湖南省高速交警部门进行事故处置、查处长途客车凌晨2时至5时违规运行不得力。

湖南省交警总队某支队某中队对前一起交通事故实施临时交通管制措施后，车辆尾端示警工作不力，未按规定采取车辆分流措施。

湖南省交警总队某支队某大队对前一起道路交通事故处置工作指挥不力。

湖南省交警总队某支队对处置前一起道路交通事故的工作指导不力，对长途客车驾驶员违反凌晨2时至5时落地休息规定的行为查处管控不到位。

b. 某市交警部门开展机动车检验审核和路面执法管控工作不得力。

某市交警支队车管所五中队开展机动车检验审核工作不严格，未发现和纠正机动车检测站工作人员不具备资质问题，为肇事轻型货车进行查验的民警资格证已经到期；违规由检测站工作人员代替查验民警填写机动车查验记录表意见和签注"合格"。

某市交警支队车管所远程监管中心对机动车年检监督不得力，未能发现和督促纠正肇事轻型货车整车质量与行驶证载明整备质量存在明显差异、检验报告批准人不具备授权签字人资格、车辆私自改装等问题，对检验报告单审核把关不严。

某市交警支队车管所落实上级要求不严格，对某分所、远程监管中心等下属单位工作督促指导不力，未及时发现和解决下属单位工作中存在的问题。

某市交警支队打击货车违法运输行为不力，未能发现并查处肇事轻型货车超载运输危险化学品的违法行为。

某市交警支队车辆管理监督管理职责落实不得力，对下属单位在办理注册登记、查验工作中存在的问题检查指导不力；打击货车严重交通违法行为的工作开展不力，路面执法管控存在薄弱环节。

c. 湖南省交警总队贯彻落实国家关于道路交通安全相关法律法规不到位，对高速支队道路交通事故处置指导不力；对某市公安交警部门车辆管理、打击货车违规行为等工作监督检查不到位。

⑧ 湖南省安全监管部门履行危险化学品经营企业安全监管职责不到位。

长沙市某区安全监管局对长沙某化工有限公司进行行政许可延期（换证）申请现场核查把关不严，未发现企业主要负责人及专职安全员的危险化学品经营安全生产管理人员资格证书过期问题；对企业危险化学品经营活动监管不到位。

某县安全监管局未及时纠正长沙市某化工原料有限公司危险物品管理台账中未按要求填写危险化学品运输车辆车号、运输资质证号等基本信息问题，对该公司未按规定查验承运危险货物单位资质、提货车辆证件、运输车辆驾驶员和押运员资质等情况监督检查不得力。

长沙市安全监管局对某区、某县安全监管局开展危险化学品经营企业日常监管工作督促指导不力。

湖南省安全监管局贯彻落实国家关于危险化学品经营安全相关法律法规不到位，对长沙市安全监管部门履职督促检查不到位。

⑨ 湖南省质监部门履行机动车检测企业行政许可、日常监管职责不到位，山东省潍坊市质监部门对车辆生产环节质量把关不严。

长沙市质量技术监督局对该市某机动车辆检测有限公司、湖南长沙某汽车检测站有限公司监督检查不力，未有效督促企业对监督检查中发现的问题整改到位。

湖南省质量技术监督局贯彻落实国家关于机动车检测机构监督管理相关法律法规不到位，对经营许可申请审查把关不严，对长沙市质量技术监督局的机动车检验机构监管工作督促指导不到位。

山东省诸城市质量技术监督局执行法律法规不到位，对国家关于汽车产品质量管理的法律法规理解认识存在偏差，对辖区内汽车生产企业产品质量管理监督检查不到位。

潍坊市质量技术监督局对诸城市质量技术监督局工作督促指导不到位。

⑩ 长沙市工商部门对企业超范围经营等问题监管不严。

某县工商行政管理局某龙工商所未及时查处某汽车世界违规销售货车二类底盘的问题。某县工商行政管理局对长沙市某汽车销售有限公司超范围经营货车二类底盘问题监管不得力，对某龙工商所督促指导不力。

长沙市某区工商行政管理局某岭工商所未对某货柜加工厂超许可范围经营进行查处。某区工商行政管理局某湖工商所未及时发现并查处辖区内无照经营的某塑料厂。某区工商行政管理局对某岭、某湖工商所监管不到位。

⑪ 有关地方组织开展安全生产工作不到位。

长沙市某区委对本级人民政府及相关部门落实安全生产监管责任督促指导不力。长沙市某区人民政府组织开展安全生产"打非治违"和督促有关部门落实监管责任工作不得力。

某县委对本级人民政府及相关部门落实安全生产监管责任督促指导不力。某县人民政府组织开展危险化学品经营"打非治违"和督促有关部门加强危险化学品经营管理工作不得力。

长沙市人民政府组织开展安全生产"打非治违"工作不力，未有效督促有关部门落实"管行业必须管安全、管业务必须管安全、管生产经营必须管安全"的总体要求。

莆田市某区人民政府贯彻落实国家道路客运安全相关法律法规不到位，对有关部门道路客运安全监管督促指导不力。

(3) 事故性质

经调查认定，该特别重大道路交通危化品爆燃事故是一起生产安全责任事故。

4.2.4 事故防范和整改措施

(1) 进一步强化安全生产红线意识

各地区特别是湖南、福建两省及有关地方人民政府和部门要深刻吸取本次特别重大道路交通危化品爆燃事故的沉痛教训，认真贯彻落实党中央、国务院领导同志关于安全生产工作的一系列重要批示指示精神，牢固树立科学发展、安全发展理念，始终坚守"发展决不能以牺牲人的生命为代价"这条红线，建立健全"党政同责、一岗双责、齐抓共管"的安全生产责任体系，坚持"管行业必须管安全、管业务必须管安全、管生产经营必须管安全"的原则，推动实现责任体系"三级五覆盖"，进一步落实地方属地管理责任和企业主体责任。要加大对《中华人民共和国安全生产法》和相关法律法规的宣传贯彻力度，推进依法治安，强化依法治理，从严执法监管。要高度重视道路交通尤其是危险货物运输和道路客运安全，深刻吸取此次事故的教训，认真研究事故防范和工作改进措施，强化危险货物运输和道路客运监管，坚决避免类似事故重复发生。

(2) 加大道路危险货物运输"打非治违"工作力度

各地区特别是湖南省及其有关地方人民政府和部门要切实加大危险货物道路运输"打非治违"工作力度，形成对非法违法运输行为的高压态势。各部门要注重协调配合，加强联合执法，搞好日常执法，形成联动机制，打击危险化学品非法运输行为，整治无证经营、充装、运输，非法改装、认证，违法挂靠、外包，违规装载等问题。公安交警部门要进一步加大路面执法力度，加强对危险化学品运输车辆的检查和对无资质车辆运载危险货物行为的排查，依法查处危险化学品运输车辆不符合安全条件、超载、超速和不按规定路线行驶等违法行为，并将信息及时通报交通部门。交通运输部门要进一步加强对危险化学品运输车辆和人员的监督检查，严查无资质车辆非法运输危险化学品以及驾驶人、押运人不具备危险货物运输资格等行为，加强对危险化学品运输车辆动态监管，发现超限超载等违法行为及时查处。安全监管部门要强化综合监管，加强指导协调，推动各主管部门落实行业监管责任，组织公安、交通等有关部门开展定期、不定期的危险货物道路运输联合执法检查，形成监管合力。

(3) 进一步加大道路客运安全监管力度

各地区特别是福建、湖南两省及其有关地方人民政府和部门要认真贯彻落实《国务院关于加强道路交通安全工作的意见》，加大道路客运安全监管力度，推动客运企业落实安全生产主体责任。要对存在挂靠经营或变相挂靠经营的客运车辆进行彻底清理，理顺客运营运车辆的产权关系，对清理后仍然不符合规定经营方式的客运车辆，要取消其经营资格，禁止新增进入客运市场的车辆实行挂靠经营。要严查客运车辆不按规定进站安全例检和办理报班手续、不按批准的客运站点停靠或者不按规定的线路行驶、沿途随意上下客等行为。要督促道路客运企业严格落实长途客运车辆凌晨2时至5时停止运行或实行接驳运输制度，并充分运用车辆动态监控手段严格落实驾驶人停车换人、落地休息等制度。公安、交通运输等部门要将道路运输车辆动态监控系统记录的交通违法信息作为执法依据，依法查处客车违法违规行为。

(4) 加强对车辆改装拼装和加装罐体行为的监管

各地区特别是湖南省及其有关地方人民政府和部门要严厉打击车辆非法改装拼装和非法加装罐体行为。公安、工业和信息化、交通运输、工商、质监等部门要建立机动车安全隐患排查的联动机制，各司其职，以机动车生产企业、销售企业、改装企业、维修企业、车辆管理所、安全技术检验机构、报废汽车回收拆解企业为重点，对机动车生产、销售、改装、检验、登记、维修、报废等各个环节进行全面治理。工商部门要坚决取缔未经批准擅自进行机动车改装的非法企业；依法查处机动车生产、销售企业违规销售车辆二类底盘等行为。质监部门要加强对获得强制性产品认证车辆生产企业的监管，防止企业拼装改装汽车。公安、质监部门要严肃处理车辆管理所、机动车安全技术检验机构为不符合国家标准的车辆办理注册登记、不按规定查验车辆、降低检验标准、减少检验项目、篡改检验数据、伪造检验结果，或者不检验、检验不合格即出具检验合格报告的行为。公安、交通部门要严厉查处车辆非法改装、加装罐体从事危险货物运输行为，禁止使用移动罐体（罐式集装箱除外）从事危险货物运输，全面清理查处罐体不合格、罐体与危险货物运输车不匹配的安全隐患。与此同时，要强化路面巡查监管，对查纠到的非法改装车要查明改装途径，对涉及的企业要移交有关部门依法严肃处理。要对货运企业和货运场站进行全面监督检查，严厉查处非法改装车辆从事货物运输的行为。

(5) 加大危险化学品安全生产综合治理力度

针对事故调查过程中发现的危险化学品储存和经营环节监管工作出现的漏洞和问题，湖南省及有关地方人民政府和安全监管部门要认真查找出现问题和漏洞的深层次原因，强化安全监管。要依法整顿危险化学品经营市场，积极推动危险化学品经营企业进入危险化学品集中市场进行经营，加快实现专门储存、统一配送、集中销售的危险化学品经营模式。要严格安全生产许可工作，现场审核必须严格按照有关规定和要求进行，委托下一级安全监管部门许可的，要研究制定保证许可质量的制度措施。要制定监督检查规定，规范监督检查工作，发现企业存在问题和隐患的，要安排专人跟踪督促整改，直至问题和隐患全部整改到位。要将危险化学品生产、经营、使用企业许可情况定期通报同级交通运输部门，共同加强危险化学品运输源头监管。要督促危险化学品储存经营企业建立健全并严格执行发货和装载的查验、登记、核准等安全管理制度和管理台账，如实记录危险化学品储量、销量和流向。要督促危险化学品企业配备熟悉相关法规标准和装卸工艺并经专门培训的安全管理人员、装卸人员等，在开具提货单据前查验车辆资质证件、驾驶人员和押运人员从业资格证件，查验车辆及罐体与行驶证照片是否一致，查验危险化学品警示灯具和标志是否齐全、有效，严格按照提货单据载明的品种、数量和对应的车辆实施装载，并对查验和装载情况进行详细登记。

(6) 进一步加强道路交通和危险货物运输应急管理

湖南省及其有关地方人民政府和部门要高度重视道路交通和危险货物运输事故应急管理工作。要不断完善道路交通和危险货物运输应急预案体系，做好各地区、各部门之间应急预案的配套衔接，加强动态管理，经常性地组织开展各类预案的演练，针对发现的问题及时修订完善预案。公安交警部门要不断提高道路交通事故应急处置能力，严格按照交通事故处理工作规范要求划定警戒区，放置反光锥筒、警告标志、告示牌，停放警车示警等。同时，针对危险货物运输的特点，要依托相关企业和单位，建立专兼职应急救援队伍，配备专门的装备和物资，加强实战训练，切实提高应急处置能力和水平。

4.3
货物运输车辆交通事故

2020年7月7日，某市某区三号楼路段，发生一起重型自卸货车碾压电动车驾驶人及乘员的较大道路运输事故，造成3人死亡。

事故发生后，市委、市政府主要领导专门作出批示，要求吸取教训，彻底查明原因，彻底整改到位，彻底强化责任。按照《中华人民共和国安全生产法》

《生产安全事故报告和调查处理条例》等法律法规的规定，某市人民政府成立了由市应急管理局、市公安交警支队、市交通运输局、市城市管理局、市总工会、区政府组成，并邀请市纪委监委及有关专家参与的较大道路运输事故调查组，对事故进行调查。

事故调查组按照"四不放过"和"科学严谨、依法依规、实事求是、注重实效"的原则，通过现场勘验、调查取证、综合分析和专家论证，查明了事故发生的经过、原因和人员伤亡情况，认定了事故性质和责任，提出了对有关责任单位和责任人员的处理建议，并针对事故原因及暴露出的问题，提出了事故防范和隐患整改措施。现将有关情况报告如下。

4.3.1 基本情况

(1) 事故当事人基本情况

① 欧某，准驾车型 A2，持有驾驶证期限为十年，有效期为 2015 年 7 月 2 日至 2025 年 7 月 2 日。累计记分为 0，驾驶证状态正常。无酒驾、毒驾嫌疑。欧某交通违法、记分、事故记录及处理情况：2018 年至 2020 年欧某共有一般交通违法行为 10 起（5 起高速、5 起地方公路，违法行为：违反标志标线、未系安全带和车厢载人），无记满 12 分记录；适用一般程序处理的交通事故 0 起，无记满 12 分记录。

② 吴某，事故发生时骑电动自行车，无酒驾、毒驾嫌疑。

③ 其他当事人：吴某某 1（吴某之女），8 岁，乘坐电动自行车后座，当场死亡；吴某某 2（吴某之子），3 岁，站立于电动自行车踏板，经抢救无效死亡。

(2) 事故车辆基本情况

① 重型自卸货车（核定载质量 15.305t）。机动车登记所有人为欧某，为道路货物运输驾驶员。该车于 2020 年 5 月 28 日由某县转籍至某区并办理道路运输证，车辆使用性质为货运（砂石运输未报城管部门备案许可和公安交警部门运输路线核定）；投保于某财产保险股份有限公司某市支公司，交强险、商业险有效期至 2021 年 5 月 14 日；检验有效期至 2021 年 5 月 31 日。该车于 2018 年 5 月 15 日登记注册，2020 年 3 月 12 日转移登记至福建省某市公安局交警支队。检验机构为某市某机动车服务有限公司，于 2020 年 5 月 26 日为该重型自卸货车进行检测，检验结果为合格。

事故发生后，调查组根据福建某司法鉴定所鉴定意见，对重型自卸货车和监控视频进行查验。该车发生事故时车速低于 40km/h，符合道路限速要求，但该车核定载质量为 15305kg，实载质量为 24150kg，超载约 56%、超限 22.78%。同时，该车缺后防护装置，左前轮分泵制动软管龟裂漏气，不符合

《机动车运行安全技术条件》（GB 7258—2017）的规定要求。检验结论：不合格。

② 电动自行车。登记所有人为吴某某3（吴某丈夫），车辆使用性质：私用。根据福建某司法鉴定所鉴定意见。该电动自行车事故前的转向系统、制动系统、照明、信号装置均符合《机动车运行安全技术条件》（GB 7258—2017）的规定要求。但该车核载2人（后座限12岁以下儿童），实载3人（含一个8岁、一个3岁的儿童），属超载行为。

(3) 事故涉及单位基本情况

① 某市某建材有限公司，系重型自卸货车所载的砂石料的配载企业。公司类型为有限责任公司，法定代表人为丁某，注册资金1000万元整，成立日期为2015年2月13日，经营期限为2015年2月13日至长期，经营范围：砂石料加工、销售。

② 福州某园林工程有限公司。公司类型为有限责任公司，法定代表人为范某，注册资金1000万元整，成立日期为2013年10月12日，经营期限为2013年10月12日至2033年10月11日，经营范围：园林绿化、灯光照明设计、施工、房屋修缮、园林养护、花卉种植、林木种子、苗木经营。

③ 某市某机动车服务有限公司。公司类型为有限责任公司，法定代表人为黄某，注册资金1006万元整，成立日期为2017年1月20日，经营期限为2017年1月20日至长期，经营范围：汽车综合性能检测，机动车安全技术检测，机动车尾气排放环保检测，汽车美容，五金交电、日用百货的零售。

④ 事故主体认定情况。肇事车辆重型自卸货车为欧某个人所有，违规承揽砂石料运输业务，在某建材有限公司砂场码头实际装载，并超载运输给福州某园林工程有限公司，期间发生道路运输事故。从实际承揽、经营收益和事故性质上分析，事故主体为个体运输经营户：欧某。

(4) 事故路段基本情况

事发处为双向四车道，沥青路面，有中心护栏隔离，设有快慢车道分道线，以车行方向上坡坡度为2.5%，路右侧有一施工便道，为水泥路面。事故现场位于某区李侗路通往某小区后门和靠山工地施工便道的搭接口上，搭接口宽7.7m，该便道是右弯、上坡路段，路宽5.8m（有效路面宽3.4m），坡度为6%。该便道系小区间公共通道，未设置道路交通标志标线。距事故搭接口前45m处有一人行横道，人行横道上方设有一限速40km/h、禁止停车、禁止鸣笛的标志。

(5) 事故当天天气情况

2020年7月7日某区天气：阴，最低气温25℃，最高气温37℃，西南风

3级。

4.3.2 事故发生和应急处置概况

(1) 事故发生经过

2020年7月7日8时11分许,欧某(准驾车型:A2)驾驶重型自卸货车(核载15305kg,实载24150kg,超载约56%、超限22.78%)由某区朱熹路经李侗路与朱熹路信号灯控制路口,沿李侗路行驶,途经李侗路某小区三号楼路段,从快车道横穿慢车道右转驶入通往某小区后门靠山工地的交叉路口时,剐碰沿慢车道行驶的由吴某驾驶的电动自行车(车上载有吴某的儿女:吴某某1,女,8岁;吴某某2,男,3岁),被货车二、三轴右侧轮胎碾压,造成电动自行车乘员吴某某1当场死亡,电动自行车驾车人吴某及乘员吴某某2受伤被送往某市第一医院抢救,电动自行车被损坏。吴某某2、吴某分别于2020年7月7日10时20分、15时05分经抢救无效死亡。

根据福建某司法鉴定所鉴定意见,重型自卸货车右转过程中,右侧空气滤芯总成的部位碰撞电动自行车后,在拖带电动自行车过程中,重型自卸货车右侧第二、三轴轮胎先后碾压倒地的电动自行车及车上人员。

(2) 事故应急处置及评估情况

接到事故报告后,市、区两级人民政府第一时间启动道路交通专项应急预案,主要领导分别作出批示,某区迅速成立"事故协调综合领导小组",下设伤员救助、善后工作、维稳工作、网络舆情控制等五个工作小组分别开展工作。市应急管理、交通运输、交警支队、某大队、120急救中心、人民医院等单位,立即赶赴现场开展施救和配合勘查处置工作。同时,福建省公安厅交警总队到达事故现场进行工作指导。事故现场除当场死亡一人外,两名受伤人员第一时间被送往某市第一医院抢救。医院开启伤员救援绿色通道,全力抢救,终因现场失血过多,均抢救无效死亡。

经评估,本次事故应急处置过程中,各部门高度重视,一线组织部署、现场救援迅速,未因应急救援处置不当造成事态扩大和其他影响。

4.3.3 事故原因及性质

根据某市公安局交警部门2020年7月16日出具的道路交通事故认定书以及事故调查组对相关单位、人员的调查,对造成这次事故的原因分析如下。

(1) 事故直接原因

当事人欧某驾驶装载砂石料的重型自卸货车,在向右变更车道并穿越道路驶向右侧工地通道的过程中,未注意观察并且没有让慢车道内行驶的由当事人吴某驾驶的电动自行车先行的违法行为,是造成本次事故的直接原因。

(2) 事故间接原因

① 吴某驾驶电动自行车超员违反《福建省非机动车管理办法》第二十八条"自行车、电动自行车仅限在后座载 1 名 12 周岁以下未成年人"之规定,超载导致扩大了事故后果。

② 某市某建材有限公司企业安全生产主体责任不落实,在肇事司机欧某前往其公司装载砂石料时,未落实《关于进一步加强车辆超限超载治理工作的意见》有关货运源头单位合法装载的管理规定,按照车辆核载量装载砂石料,为未取得城管部门砂石运输备案许可和公安交警部门运输路线核定的肇事车辆装载砂石料,导致超载超限运输砂石料的车辆出场致使事故发生。该公司违反《中华人民共和国安全生产法》第四十一条之规定:"生产经营单位应当建立健全并落实生产安全事故隐患排查治理制度,采取技术、管理措施,及时发现并消除事故隐患。"发生事故时,重型自卸货车核载 15305kg,实载 24150kg,超载约 56%、超限 22.78%。

③ 某市某机动车服务有限公司违反《中华人民共和国产品质量法》第二十一条之规定,产品质量检验机构、认证机构未依法按照有关标准,客观、公正地出具检验结果或者认证证明。根据某司法鉴定所 2020 年 7 月 10 日给出的司法鉴定意见书,该重型自卸货车在气压为 730kPa 的情况下,将制动踏板保持制动状态,待气压稳定后观察 3min,气压降值达 80kPa(标准为 <20kPa)。经检验发现左前轮分泵制动软管龟裂漏气,并且该车缺后防护装置,不符合《机动车运行安全技术条件》(GB 7258—2017) 的规定要求。但某机动车服务有限公司于 2020 年 5 月 26 日为该重型自卸货车进行检测并作出合格结论。

④ 某区城市管理局未按照相关要求,落实砂石运输的审核审批,对砂石运输作业情况监控不到位,对未取得通行证运输砂石的车辆失管失察。

⑤ 某区水利局未根据相关要求,对砂场码头货物源头超载运输行为失管失察;在辖区内所有采砂船河道采砂许可证过期后,未及时对仍在生产、经营砂石的砂场码头进行查处,打击非法河道采砂行为力度不够。

⑥ 某市某区交通综合行政执法大队、某市公安局交警支队某大队。其落实《关于进一步加强车辆超限超载治理工作的意见》治理车辆超限超载联合执法常态化制度化工作不到位,联合治超(治理车辆超限超载)机制不够健全,超限超载违法行为未得到有效治理。

⑦ 某平镇人民政府对重点车辆(含渣土车)及驾驶人信息摸排不到位。未根据相关要求,将肇事车辆重型自卸货车和车主欧某纳入台账管理。

⑧ 某道镇人民政府隐患排查治理不到位,对在属地辖区内砂场码头(堆场)

装载的砂石料运输车辆超载行为失察。

(3) 其他违法违规行为

某物业公司违规在市政道路路口私自设置障碍物。

(4) 事故性质认定

经调查认定，某区较大道路运输事故是一起生产安全责任事故。

4.3.4 事故防范和整改措施

① 某市某建材有限公司要认真履行企业安全生产主体责任，认真落实行业规章制度，依法依规从事生产经营活动，从严落实源头货运企业合法装载义务，确保货运车辆出厂安全有序。

② 某市某机动车服务有限公司要严格把好安全检测检验关，在许可的检验资格范围内严格按照检验标准和规程等技术规范开展机动车安全技术检验，并及时向委托人出具客观、公正的检测结果。

③ 某物业公司要理清项目施工方和小区之间共用道路的权责关系，及时拆除违规设置的障碍物。

④ 某区砂石运输管理部门要严格落实行业安全生产监管，进一步明确各部门监管职责，依法依规履职，加大货运源头企业（砂场码头）管控，严把建筑废土和砂石运输车辆的审核审批。建立健全建设项目主管、城市管理、公安交警、交通运输、水利等部门联动机制，加强对"渣土车"运输作业的审批、备案、监控和查处，形成监管合力。

⑤ 某区交通执法和公安交警部门要严格按照治理车辆超限超载联合执法常态化制度化实施方案的通知要求，进一步推进治超联合执法常态化制度化，落实联合执法工作联席会议机制，认真分析本辖区道路货运流量流向、路网结构、车辆超限超载特征，适时组织开展流动治超行动，提高道路交通安全管理水平。

⑥ 某道、某平镇人民政府要严格落实某区道路交通安全综合整治"三年专项行动"的要求，进一步健全道路交通安全工作机制，建立辖区货物装载源头企业和重点车辆（含渣土车）及驾驶人信息摸排管理台账，强化监督、依法管理，确保道路交通安全综合整治"三年专项行动"取得实效。

⑦ 某区人民政府负责组织对存在问题的整改和防范措施的落实；进一步贯彻落实《关于优先保障行人和非机动车通行路权的指导意见》，推动解决"机非混行""人车共道"等突出问题，改善行人和非机动车出行环境；加强对本地安全生产工作的领导，督促有关部门依法履行安全生产监督管理职责，切实加强安全生产工作。

4.4 长途客车交通事故

2012年8月26日2时31分许,包茂高速公路陕西省延安市境内发生一起特别重大道路交通事故,造成36人死亡、3人受伤,直接经济损失3160.6万元。

事故发生后,党中央、国务院高度重视,作出重要批示,要求全力抢救伤员,迅速查明事故原因,认真做好善后工作,维护社会稳定。

按照中央领导同志重要批示精神和《生产安全事故报告和调查处理条例》等有关法律法规规定,2012年8月29日,国务院批准成立了由国家安全监管总局牵头,监察部、公安部、交通运输部、工业和信息化部、全国总工会、内蒙古自治区人民政府、河南省人民政府、陕西省人民政府组成的国务院包茂高速陕西某特别重大道路交通事故调查组(以下简称事故调查组)。事故调查组聘请了有关专家,并邀请最高人民检察院派员参加了事故调查工作。

事故调查组通过科学严谨、依法依规、实事求是、周密细致的现场勘查、检验测试、技术鉴定、调查取证、综合分析和专家论证,查明了事故发生的经过、原因、应急处置、人员伤亡和直接经济损失情况,认定了事故性质和责任,提出了对有关责任人员及责任单位的处理建议和事故防范及整改措施建议。现将有关情况报告如下。

4.4.1 基本情况

(1) 事故车辆驾驶人情况

陈某,卧铺大客车驾驶人(已在事故中死亡),2002年12月30日初次领取机动车驾驶证,2008年10月29日增驾取得大型客车准驾资格,准驾车型代号为A1,且持有道路旅客运输从业资格证书。

高某,卧铺大客车驾驶人(已在事故中死亡),1993年6月15日初次领取机动车驾驶证,2003年10月15日增驾取得大型客车准驾资格,准驾车型代号为A1、A2,且持有道路旅客运输从业资格证书。

闪某,重型半挂货车驾驶人兼押运员,1981年10月5日初次领取机动车驾驶证,1985年5月4日换为地方驾驶证,准驾车型代号为A2,并于2011年6月1日、6月7日分别取得危险货物运输押运员从业资格证和危险货物运输驾驶员从业资格证。

张某，重型半挂货车驾驶人兼押运员，1990 年 8 月 20 日初次领取驾驶证，准驾车型代号为 A2、D，并于 2011 年 5 月 26 日、7 月 15 日分别取得危险货物运输押运员从业资格证和危险货物运输驾驶员从业资格证。

经调查，没有发现上述驾驶人酒后驾驶、吸毒后驾驶的迹象。其中，陈某、高某、闪某的驾驶资格和从业资格证件齐全有效；张某的从业资格证件齐全，但张某因连续两年以上未提交机动车驾驶人身体条件证明，驾驶证处于注销可恢复状态，不具备机动车驾驶资格。至事故发生时，陈某连续驾驶时间达 4 小时 22 分，属疲劳驾驶。

(2) 事故车辆情况

卧铺大客车，核载 39 人，发生事故时实载 39 人。该车于 2010 年 3 月 12 日办理注册登记，机动车所有人为内蒙古自治区呼和浩特市某（集团）有限责任公司，车辆使用性质为公路客运，检验有效期至 2013 年 3 月 31 日。该车于 2011 年 6 月 1 日办理道路运输证，经营范围为省际班车客运，班车类别为直达，无停靠站点，途经路线为京藏高速呼市至包头段、包茂高速包头至西安段。事故发生前，车辆的行驶速度为 77.2km/h。

重型半挂货车由重型半挂牵引车和罐式半挂车组成。其中，重型半挂牵引车，准牵引总质量 40t；罐式半挂车，核定整备质量 6.5t，实际整备质量 9.9t，超出核定整备质量 3.4t。该货车核定载货 33.5t，实际装载 35.22t 甲醇，超载 1.72t。半挂牵引车、罐式半挂车于 2011 年 4 月 7 日办理注册登记，机动车所有人为河南省焦作市某市汽车运输有限责任公司，车辆使用性质为危险化学品运输车，检验有效期至 2013 年 4 月 6 日。该车于 2011 年 4 月 8 日办理道路运输证，经营范围为危险货物运输（3 类）。事故发生前，车辆的行驶速度为 21.0km/h。

经调查，事故车辆的行驶证、运营资质、保险等齐全且均在有效期内，车辆制动性能无异常。其中，卧铺大客车运营线路符合规定；卧铺大客车和重型半挂牵引车符合出厂时的国家标准要求，但罐式半挂车出厂时实际整备质量与公告相关参数信息不一致。

(3) 事故道路情况

事故发生路段位于包茂高速公路陕西省延安市境内某处，南北走向，双向四车道，设计速度为 80km/h。事故发生地点位于包头（北）至西安（南）方向一侧，两条行车道宽均为 3.75m，纵断面坡度为 0.35%，平面上位于两个不设超高的反向圆曲线间直线连接处，前后圆曲线半径分别为 2600m 和 2500m，视线良好。

事故发生路段右侧为某服务区，高速公路主路与服务区出口、入口连接形成的三角区均施划了车行道分界线、边缘线和导流线。服务区下行（南侧）驶入高速公路主路的加速车道宽5.25m、长219.38m，高速公路路侧提前设置了车辆合流指示标志。服务区上行（北侧）高速公路的一定位置上，分别设置了服务区2km、服务区1km和服务区出口三级指示标志。

经核查，事故路段的技术指标、交通安全设施的设置情况均符合国家和行业相关标准规范。事故发生时天气晴间多云，能见度较好。

(4) 事故相关单位情况

内蒙古自治区呼和浩特市某（集团）有限责任公司创建于1950年，1997年和2001年进行了两次企业改制，现为民营股份制运输企业，具有从事道路旅客运输的一级运营资质，共有车辆402辆。其中，卧铺大客车的日常管理由某（集团）有限责任公司内设的客运三分公司负责，按照公司租赁线路、车主出资购车的模式经营。

河南省焦作市某市汽车运输有限责任公司为国有股份制运输企业，隶属于某市交通运输局。该公司具有危险货物运输（2类1项、2类2项、2类3项、3类、4类3项、8类）运营资质，有危险货物运输车辆394辆。其中，重型半挂货车由该公司和个人共同出资购买，双方约定车辆登记在某市汽车运输有限责任公司名下，共同经营危险货物运输业务。

4.4.2 事故发生和应急处置概况

(1) 事故发生经过

2012年8月25日16时55分，卧铺大客车从内蒙古自治区呼和浩特市长途汽车站出发前往陕西省西安市，出站时车辆实载38人。19时，该车在呼包高速某出口匝道处搭载一名乘客，车辆乘务员也在此处下车。22时50分，该车在包茂高速与榆神高速互通式立交桥处，搭载另外一名转乘乘客，此时卧铺大客车实载39人，期间该车由陈某、高某轮换驾驶。8月25日19时03分，重型半挂货车在某能化有限公司装载35.22t甲醇后，前往陕西省韩城市某化工厂，期间该车由闪某、张某轮换驾驶。

8月26日2时15分，重型半挂货车进入某服务区停车休息并更换驾驶员。2时29分，闪某驾驶重型半挂货车从该服务区出发，违法越过出口匝道导流线驶入包茂高速公路第二车道。此时，卧铺大客车正沿包茂高速公路由北向南在第二车道行驶至该服务区路段。2时31分许，卧铺大客车在未采取任何制动措施的情况下，正面追尾碰撞重型半挂货车。碰撞致使卧铺大客车前部与重型半挂货车罐体尾部铰合，大客车右侧纵梁撞击罐体后部卸料管，造成卸料管竖向球阀外壳破碎，导致大量甲醇泄漏。碰撞也造成卧铺大客车电气线路破损发生短路，产生的火花使甲醇蒸气和空气形成的爆炸性混合气体发生爆燃起火，大火迅速引燃重型半挂货车后部和卧铺大客车，并沿甲醇泄漏方向蔓延至附近高速公路路面和涵洞。事故共造成大客车内36人死亡、3人受伤，大客车报废，重型半挂货车、高速公路路面和涵洞受损，直接经济损失3160.6万元。

(2) 事故应急处置情况

事故发生后，陕西省延安市公安交警、消防救援人员迅速赶到事故现场进行处置，市、县人民政府及其有关部门也迅速赶赴事故现场组织施救，卫生部门调集专家及医护人员全力救治伤员。接报后，陕西省人民政府立即启动应急救援预案，陕西省人民政府主要负责同志带领安全监管、公安、交通、卫生等部门负责同志赶赴现场指挥应急施救工作。随后，国家安全监管总局、公安部有关负责同志及交通运输部有关司局负责同志于当日下午赶到事故现场，指导协调地方政府做好前期处置和善后处理等工作。内蒙古自治区、河南省人民政府接报后，立即组织安全监管、公安、交通等部门和相关地市负责同志赶赴现场，协助做好事故善后赔付和调查工作。

2012年8月26日17时45分，事故现场清理完毕，事发路段恢复通行。事故救援及善后处理工作平稳有序。

4.4.3 事故原因及性质

(1) 直接原因

① 卧铺大客车驾驶人陈某遇重型半挂货车从匝道驶入高速公路时，本应能够采取安全措施避免事故发生，但因疲劳驾驶而未采取安全措施，其违法行为在事故发生中起重要作用，是导致卧铺大客车追尾碰撞重型半挂货车的主要原因。

② 重型半挂货车驾驶人闪某从匝道违法驶入高速公路，在高速公路上违法低速行驶，其违法行为也在事故发生中起一定作用，是导致卧铺大客车追尾碰撞重型半挂货车的次要原因。

(2) 间接原因

① 内蒙古自治区呼和浩特市某（集团）有限责任公司客运安全管理的主体责任落实不力。

某（集团）有限责任公司未严格执行该公司驾驶员落地休息制度，未认真督促事故大客车在凌晨2点至5点期间停车休息；开展道路运输车辆动态监控工作不到位，对事故大客车驾驶人夜间疲劳驾驶的问题失察。

② 河南省焦作市某市汽车运输有限责任公司危险货物运输安全管理的主体

责任落实不到位。

某市汽车运输有限责任公司安全管理制度不健全,安全管理措施不落实;未纠正事故重型半挂货车驾驶人没有在公司内部备案、没有参加过安全教育培训等问题;未认真开展危险货物运输动态监控工作,对事故重型半挂货车未按规定配备两名合格驾驶人和超量装载危险货物等问题失察。

③ 内蒙古自治区呼和浩特市交通运输管理部门道路客运安全的监管责任落实不到位。

a. 呼和浩特市道路运输管理局组织开展道路客运市场管理和监督检查工作不力,对某(集团)有限责任公司落实车辆动态监控工作的情况督促检查不到位。

b. 呼和浩特市交通运输局组织开展道路运输行业安全监管工作不到位,对呼和浩特市道路运输管理局履行监管职责的情况督促检查不到位。

④ 河南省焦作市交通运输管理部门危险货物道路运输的监管责任落实不到位。

a. 某市交通运输局及有关部门组织开展危险货物道路运输管理和监督检查工作不力,未认真督促某市汽车运输有限责任公司整改安全管理制度不健全和安全管理措施不落实等问题。

b. 焦作市道路运输管理局指导某市道路运输管理部门开展危险货物道路运输管理工作不力,对某市汽车运输有限责任公司存在的安全隐患督促检查不到位。

c. 焦作市交通运输局组织开展危险货物道路运输监督检查工作不到位,对焦作市道路运输管理局和某市交通运输局履行监管职责的情况督促检查不到位。

⑤ 陕西省延安市、内蒙古自治区呼和浩特市、河南省焦作市某市公安交通管理部门道路交通安全的监管责任落实不到位。

a. 陕西省延安市公安交通警察支队对包茂高速某服务区出口加速车道的通行秩序疏导不到位,对车辆违法越过导流区进入高速公路主线的行为缺乏有效管控措施。

b. 内蒙古自治区呼和浩特市公安交通警察支队开展客运车辆及驾驶人交通安全教育工作存在薄弱环节,对某(集团)有限责任公司客运车辆及驾驶人的违法行为监管不到位。

c. 河南省焦作市某市公安交通警察大队开展危险货物运输车辆及驾驶人排查建档、安全教育等工作存在薄弱环节,对某市汽车运输有限责任公司危险货物运输车辆及驾驶员的违法行为监管不到位。

(3) 事故性质

经调查认定,该特别重大道路交通事故是一起生产安全责任事故。

4.4.4 事故防范和整改措施

针对事故暴露出来的问题,为进一步细化工作措施,切实落实企业安全生产主体责任和相关部门监管责任,有效防范类似事故再次发生,特提出以下工作建议。

(1) 高度重视道路交通安全工作

内蒙古自治区、河南省、陕西省人民政府及其有关部门要高度重视道路交通安全工作,认真宣传贯彻《国务院关于加强道路交通安全工作的意见》(以下简称《意见》)和《道路交通安全"十二五"规划》。要结合实际,抓紧制定并落实本地区实施《意见》和《道路交通安全"十二五"规划》中有关制度、措施的可操作性意见和办法,明确细化责任分工方案,确保道路运输企业安全生产主体责任、部门监管责任、属地管理责任、道路交通安全工作目标考核和责任追究制度等落到实处。要切实改进道路交通安全监管的手段和方法,建立由道路交通安全工作联席会议等机构牵头协调的工作机制,形成工作联动、数据共享、联合执法的道路交通安全工作合力。

(2) 进一步加强长途卧铺客车安全管理

内蒙古自治区人民政府及其有关部门要结合本地区实际,认真研究制定切实有效的长途卧铺客车安全管理措施,督促运输企业切实履行交通安全主体责任。要严格客运班线审批和监管,加强班线途经道路的安全适应性评估,合理确定营运线路、车型和时段,严格控制1000km以上的跨省长途客运班线和夜间运行时间。要加大对现有长途客运车辆的清理整顿,对于不符合安全标准、技术等级不达标的,要坚决停运并彻底整改。要督促道路客运企业严格落实长途客运车辆凌晨2时至5时停止运行或实行接驳运输制度,充分利用车辆动态监控手段加大对车辆的监督检查力度,督促运输企业严格落实长途客运驾驶人停车换人、落地休息等制度,杜绝驾驶人疲劳驾驶。

(3) 进一步加强危险化学品运输安全管理

河南省人民政府及其有关部门要督促危险化学品运输企业认真履行承运人的义务和职责,建立健全安全管理制度,根据化学品的危险特性采取相应的安全防护措施,并在车辆上配备必要的防护用品和应急救援器材,进一步完善应急预案,有针对性地开展不同条件下的应急预案演练活动;充分利用危险化学品运输车辆动态监控系统,加强对危险化学品运输车辆的管理,严禁危险化学品运输车辆在高速公路上低速行驶、随意停靠。要对全省危险化学品运输车辆进行全面排查和清理整顿，禁止任何形式的挂靠车辆从事危险化学品道路运输经营行为；用于运输易燃易爆危险化学品的罐式车辆不符合相关安全技术标准、生产一致性要求的，要积极联系生产企业进行改造。要建立驾驶人驾驶资质、从业资质、交通违法、交通事故等信息的共享联动机制，加强对危险化学品运输车辆驾驶人的动态监管。

（4）加大道路路面秩序巡查力度

陕西省、内蒙古自治区人民政府及其有关部门要继续强化路面秩序管控，严把出站、出城、上高速、过境"四关"，对7座以上客车、旅游包车、危险品运输车实行"六必查"，坚决消除交通安全隐患，严防发生重特大道路交通事故。要加强高速公路日常巡查监管力度，针对高速公路重点交通违法行为进行专项研判，提前优化警力部署，提升工作成效。要因地制宜，在高速公路服务区等处设立临时执勤点，加强交通流量集中路段的巡逻，严查严纠违法占道、疲劳驾驶、超速超载、高速公路上下客等各类严重交通违法行为。要严格执行《意见》有关客运车辆夜间安全通行方面的要求，科学调整勤务，改进执勤执法方式，完善交通管理设施，并督促指导运输企业相应调整动态监控系统设定的行驶速度预警指标，确保夜间客运车辆按规定运行。

（5）着力提升道路运输行业从业人员教育管理水平

内蒙古自治区、河南省要高度重视道路运输行业从业人员的安全教育培训工作，采用案例教育等多种形式，不断提高从业人员的安全意识、法制意识、责任意识和技能水平。要按照相关要求督促道路运输企业建立驾驶人安全教育、培训及考核制度，定期对客运驾驶人开展法律法规、技能训练、应急处置等教育培训，并对客运驾驶人教育与培训的效果进行考核。危险化学品道路运输企业还应当针对危险化学品的性质，强化驾驶人员和押运人员的应急演练，确保驾驶人员、押运人员在事故发生后及时采取相应的警示措施和安全措施，并按规定及时向当地公安机关报告。要督促运输企业建立驾驶员档案，定期进行考核，及时了解掌握驾驶员状况，严禁不具备相应资质的人员驾驶机动车辆。

（6）尽快完善道路交通安全法律法规和技术标准

国家有关部门要适应道路交通安全管理工作的实际需求，进一步完善罐式危险化学品运输车辆的技术标准和规范，提高危险化学品运输车辆后下部防护装置的强度，优化车辆罐体阀门等装置的连接方式，提升罐式危险化学品运输车辆的被动安全性。要进一步完善高速公路技术标准体系，结合实际情况对高速公路服务区出口加减速车道长度、导流区物理隔离设施设置标准等内容进行适当修订和细化。要借鉴剧毒化学品和易爆炸品运输相关管理措施，研究进一步加强易燃危险化学品运输管理的综合措施。要进一步完善道路运输车辆动态监管机制，尽快出台动态监管工作管理办法，明确车辆动态监控系统的使用管理规定，加强对道路运输企业的指导和管理。

4.5 农用车辆交通事故

4.5.1 事故发生和应急处置概况

2019年5月12日（农历四月初八）上午，温岭市某镇某村村民林某驾驶农用车为该村甘岙山上的观音堂免费运送"放生日"活动物品。当天中饭后返程时，自发赴观音堂参加"放生日"活动的村民请求免费搭乘林某驾驶的农用车下山，林某同意并驾驶农用车搭载22名村民（其中驾驶室副座2人，货厢内20人）从观音堂下山驶往某村。12时57分许，行驶至甘岙山一路段时，农用车驶出右侧路基，坠至落差约4m的坡地后侧翻，造成12人死亡（其中8人当场死亡，4人送医院经抢救无效死亡）、11人受伤。

当日13时55分接温岭市公安局报告后，温岭市委、市政府立即启动突发事件应急响应，一方面迅速组织某镇及公安、应急、消防、医护等力量，全力救治伤员，在医院救治的11人全部伤愈出院；另一方面组织相关机关工作人员成立"一对一"的家属接待工作小组，12名遇难人员遗体全部完成火化。

事故发生后，党中央、国务院有关领导和省委、省政府主要领导高度重视，分别作出重要批示、指示，要求全力救治伤员，安抚好伤亡人员家属，尽快查明原因。公安部、农业农村部、应急管理部分别派工作组赶到现场指导救援处置工作；事故当天，省应急管理厅、公安厅、农业农村厅等部门负责人连夜赶到事故现场指导应急处置工作；台州市委、市政府主要领导第一时间赶到现场、指挥抢救、组织善后。省主要领导率领省政府办公厅有关领导和省级部门负责同志赶赴现场，组织召开专题会议，研究部署事故调查处理相关工作。省应急管理厅按省政府要求立即牵头开展事故调查工作。

4.5.2 基本情况

（1）事故农用车情况

事故农用车属大中型拖拉机，所有人为林某。该车驾驶室核定乘坐2人，总质量 3490kg，核定载质量 1000kg，登记日期为 2012 年 12 月 31 日，检验有效期至 2019 年 11 月。该车已投保机动车交通事故责任强制险和 20 万元机动车第三者责任险，有效期至 2019 年 10 月 31 日。

事故农用车事发时存在改装现象，货厢内部尺寸、第一轴和第二轴轮胎型号均与车辆登记信息不一致。空车质量为 3655kg，超过登记时的空车质量 1165kg，超过总质量 165kg。事发时事故农用车的货厢质量为 1330kg，超过同类型车辆的标准货厢质量 675kg。

(2) 事故农用车驾驶员情况

林某，持有准驾机型为 "G" 的拖拉机驾驶证，初次领证日期为 2000 年 4 月 15 日，有效期至 2022 年 3 月 22 日，事发时该驾驶证状态正常。事故中，林某肋骨骨折，需住院治疗。经检验，林某血液中未检出乙醇、甲基苯丙胺、氯胺酮成分，结合调查记录，排除其酒驾、毒驾嫌疑。

(3) 事故现场路段情况

事故发生路段为连续陡坡（经检测，观音堂至事故点路段平均纵坡为 18.5%；参照省地方标准《准四级公路工程技术规范》"平均纵坡不超过 5.5%、最大纵坡不超过 10%"）、多急弯的无名砂石山道，起于某村无名路尽头某公墓停车场边，止于观音堂，全长约 900m，系观音堂和村民自行出资拓宽，供观音堂人员和村民出入，不对社会公众车辆开放，也未纳入公路部门规划、管养范围。

事故地点位于甘岙山观音堂下山往某村方向 295m 一路段处，路面宽 3.70m，路侧无防护设施、无交通标志标线，路面铺有不均匀的砂石，现场模拟实验测得路面附着系数为 0.238（对该系数，国家未发布标准，专家一般建议值至少为 0.4）。

4.5.3 事故原因及性质

(1) 直接原因

① 事故农用车驾驶员林某安全法制意识淡薄；
② 事故农用车在不具备车辆安全通行条件的砂石山道行驶；
③ 林某驾驶违规改装农用车非法载人 21 人；
④ 林某驾驶过程中未能及时有效控制车辆。

(2) 间接原因

① 温岭市政府组织领导辖区平安建设存在薄弱环节。对农用车管理、民间信仰活动等相关领域的安全风险和问题认识不足、重视不够、举措不够到位；督查乡镇政府和有关部门履职不够有力，缺少有效的落实措施。

② 温岭市农业农村和水利局及下属农机管理总站未认真履行农机安全监督管理有关职责规定。对农用车专项整治工作重部署轻落实，未针对农用车非法载人等行为开展有效的专项整治；对辖区内农用车维修经营单位非法拼装、改装等违法违规行为日常监管不到位，打击查处不力；对农用车驾驶员交通安全法制宣传教育不到位。

③ 温岭市某镇党委、政府未严格落实属地监管职责。对辖区群众交通安全法制宣传教育工作存在不足；对观音堂和村民自筹拓宽，主要用于村民进行民间信仰活动的山道通行安全疏于监管；对辖区存在拼装和改装农用车上路、农用车非法载人等情况，未及时排查制止并报告相关主管部门；未有效落实民间信仰事务日常管理职责，对重点时节群众聚集活动没有做好安全防范和管理；对所辖区交通管理站、某村交通劝导站工作落实督促不力，未对事故路段存在的安全隐患进行排查治理。

④ 温岭市某镇某村村两委会基层社会治理工作存在不足。对村民安全法制教育不足；未对事故路段的通行安全实施有效管理；村交通劝导站未能有效纠正、劝导、制止事故路段长期存在的农用车非法载人行为，未向当地政府和有关部门报告事故路段安全隐患；未认真贯彻执行党的路线方针政策和决策部署，对本村民间信仰活动存在的问题，没有及时处理和报告；对主要时节群众聚集活动没有做好安全防范和管理。

(3) 事故性质

经调查组认定：该起事故既不是《中华人民共和国道路交通安全法》规定的道路交通生产安全事故，也不是《农业机械安全监督管理条例》规定的农机生产安全事故，属于非生产安全事故范畴，是一起因驾驶人驾驶违规改装的农用车非法载人，在不符合安全通行条件的路段行驶，并未能及时有效控制车辆引发的重大事故。

4.5.4 事故防范和整改措施

此次事故虽然不是生产安全事故，但事故中暴露出农机安全管理还存在一些问题和薄弱环节，特别是农用车非法载人、改装拼装、超限超载等违法行为没有得到有效查处和治理；农业农村、民宗、公安等部门和当地乡镇离履职主动、积极到位等还有不少差距。为深刻吸取事故教训，举一反三，防范类似事故再次发生，建议落实以下整改措施。

① 进一步压实政府安全监管责任。各级政府要坚持以人民为中心的发展思想，从推进平安浙江建设、保障人民群众生命财产安全的高度，切实提高认识，真正落实责任，全面构建重大风险识别、监测管控和化解处置体系，牢牢守住

公共安全底线。农业农村、民宗、公安等部门要按照"管行业必须管安全、管业务必须管安全"和"谁主管谁负责"的要求，注重履职要求，主动研究提出针对性防范措施，并全力抓好落实。省安委会通报该起事故，发挥警示教育作用，防范同类事故再次发生。

② 加大农机安全隐患整治力度。农业农村部门要加强源头管理，强化与公安部门长效协作机制建设，严格不得驾驶农用车非法载人、不得驾驶无牌无照农用车和不得驾驶未经年检合格农用车等"三个不得"要求，持续推进专项整治行动；要从严抓好农用车年度检验，对已改装又骗取年检、安全检验不合格或存在严重安全隐患的，坚决依法处理，尤其要通过抽查等各种有效形式，对通过年检后还原改装的农用车严肃查处。要严格落实老旧农用车的报废退出措施，加大存量农用车限期清零淘汰力度，温岭市要在 2020 年 6 月底前、台州市在 2021 年 6 月底前、全省在 2022 年 6 月底前将上述农用车全部淘汰退出；要全面开展一次对农业机械维修经营单位的检查，对拼装、改装农业机械整机或者承揽维修已经达到报废条件农业机械的，坚决依法打击。

③ 加强公安交通路面违法行为执法力度。公安交警部门要加强对农用车路面执法，严厉查处农用车假牌、套牌、拼装、改装、超速、超载等违法行为，坚决杜绝非法载人、病车上路。要加快推进实施浙江省道路交通安全综合治理三年行动计划，推动完善农村道路交通安全管理组织网络，将农村道路交通安全纳入基层社会治理网格化管理，2019 年实现农村交通安全劝导站 80％覆盖，2020 年实现全覆盖。要结合推广实施"两站两员"建设工作，加强交通管理人员的业务培训、指导，确保治理有效。

④ 全面防控各类通行路段安全风险。各地要按照《浙江省人民政府办公厅关于加强农村道路交通安全工作的通知》，严格落实乡镇（街道）党委、政府对辖区通行路段的属地管理责任。要对非道路范畴的各类通行路段进行全面排摸，特别是虽然平时通行流量较小，但重要时节人流和车流大幅增多的通往寺庙、公墓等非《中华人民共和国道路交通安全法》中明确的道路范畴的山道、便道等，要掌握底数、建立档案，对发现的重大风险隐患要会同相关部门果断采取有效管控措施。公安和交通运输部门在巡查中发现非适合车辆通行路段，要及时通报属地乡镇（街道），指导推动乡镇（街道）加强管理，杜绝交通违法行为。

⑤ 深入推进民间信仰活动管理。各地民宗部门要按照《浙江省人民政府办公厅关于加强民间信仰事务管理的意见》《浙江省民间信仰活动场所登记编号管理办法》等规定，立即对辖区民间信仰活动场所进行全面普查，掌握数量分布、影响范围、管理组织以及民间信仰活动类型、规模、方式等情况，汇总建档，实行信息化管理，对不符合规定要求的场所，坚决依法处理，纳入"四治"范围

的，在2020年底前坚决拆除或改用。尤其是要高度关注未纳入登记编号管理的民间信仰活动场所涉及的安全风险隐患，组织指导乡镇（街道）对场所基础设施、周边环境、活动情况等全面系统开展安全风险辨识评估，并依据安全状况和风险程度划分等级，实施分类管理，严控可能导致群死群伤事故的重大安全风险，全省不再新增登记编号民间信仰活动场所。按照属地管理和"谁举办、谁负责"原则，严格落实安全责任，规范民间信仰活动，严格按照《大型群众性活动安全管理条例》申请活动许可；对经常性的群体性民间信仰活动，乡镇和村要加强监管，并定期开展安全培训和检查。

⑥ 进一步加强各类交通安全宣传和警示教育。各级政府和有关部门要持之以恒抓好全民交通文明素质提升，深化交通安全文化培育，倡导和传播现代文明交通理念，尤其要加强农村地区"拒绝乘坐农用车、电动车、超员车"的宣传。台州市、温岭市要结合安全生产月活动，开展为期一月的道路交通、农机安全专项宣传，充分借助各种信息传媒手段，形成并保持有广度、有深度的宣传效应；加强交通安全警示教育，公开曝光严重违法行为、典型交通事故案例和事故责任追究情况，切实提高交通参与者，特别是老人和孩子的交通安全意识和自我保护意识。农业农村部门要以此次惨痛事故为案例，组织开展农用车驾驶员守法行车专题培训，提高驾驶员安全法制意识。

4.6 电动自行车、自行车交通事故

4.6.1 电动自行车交通事故

(1) 事故经过

2020年8月4日13时42分，卜某驾驶电动自行车沿青口镇怀仁路由南往北行驶至与金海路交叉口南侧往西转弯时，与张某驾驶小型普通客车沿青口镇金海路由东向西行驶至与怀仁路交叉口往南转弯时发生碰撞，事故造成卜某受伤及双方车辆受损。

(2) 事故原因

卜某驾驶电动自行车未按交通信号通行，违反《中华人民共和国道路交通安全法》第三十八条："车辆、行人应当按照交通信号通行；遇有交通警察现场指挥时，应当按照交通警察的指挥通行；在没有交通信号的道路上，应当在确保安全、畅通的原则下通行。"

未遵守向左转弯时，靠路口中心点的右侧转弯的规定，违反《中华人民共和国道路交通安全法实施条例》第六十八条"非机动车通过有交通信号灯控制的交叉路口，应当按照下列规定通行：向左转弯时，靠路口中心点的右侧转弯"。

张某驾驶机动车未按规定安全文明驾驶，违反《中华人民共和国道路交通安全法》第二十二条第一款："机动车驾驶人应当遵守道路交通安全法律、法规的规定，按照操作规范安全驾驶、文明驾驶。"

(3) 事故责任认定

《中华人民共和国道路交通安全法实施条例》第九十一条规定："公安机关交通管理部门应当根据交通事故当事人的行为对发生交通事故所起的作用以及过错的严重程度，确定当事人的责任。"《道路交通事故处理程序规定》第六十条第一款第二项规定："公安机关交通管理部门应当根据当事人的行为对发生道路交通事故所起的作用以及过错的严重程度，确定当事人的责任。因两方或者两方以上当事人的过错发生道路交通事故的，根据其行为对事故发生的作用以及过错的严重程度，分别承担主要责任、同等责任和次要责任。"依据上述规定，卜某承担事故的主要责任，张某承担事故的次要责任。

4.6.2 自行车交通事故

(1) 事故经过

2018年1月2日8时38分，福州某物流有限公司驾驶人李某驾驶的重型自卸货车，从福鼎市某区红绿灯方向开往福鼎市殡仪馆方向，途经福鼎市某工业园区道路某小区门前路段时，碰撞同向行驶的由赖某骑行的二轮自行车，造成赖某当场死亡。

(2) 事故原因

肇事车辆驾驶人李某驾驶机动车行车途中，未注意观察路面情况，未按照操作规范安全驾驶，未减速让行因非机动车道被占用无法在本车道内行驶而在受阻的路段借用相邻的机动车道的非机动车，其行为与本事故发生有直接因果关系，是造成本起事故的直接原因。

福州某物流有限公司落实安全生产企业主体责任工作不到位，存在安全管理缺失。一是未能有效教育和督促驾驶人李某严格执行国家及本单位的有关安全生产规章制度和安全驾驶操作规程；二是开展隐患排查不到位，未能及时排查肇事车辆的后右尾灯无工作信号，不符合技术规范且从事道路运输生产运营的行车安全隐患；三是肇事车辆动态监控未列入本公司管理，未能及时发现并纠正李某行车途中存在的违章操作行为。成某未依法取得机动车驾驶证驾驶机动车逆向行驶，该行为与事故发生有一定的因果关系。吴某驾驶机动车在道路上临时停车，妨碍其他车辆通行，该行为与事故发生有一定的因果关系。陈某驾驶机动车在道路上临时停车，妨碍其他车辆通行，该行为与事故发生有一定的因果关系。以上事实是造成本起事故的间接原因。

（3）事故责任认定

根据《中华人民共和国安全生产法》《生产安全事故报告和调查处理条例》等有关规定和《中华人民共和国道路交通安全法》第七十三条、《中华人民共和国道路交通安全法实施条例》第九十一条和《道路交通事故处理程序规定》第六十二条之规定，对事故有关责任者责任的认定及处理建议提出如下意见。

① 有关单位责任的认定及处理建议：福州某物流有限公司落实安全生产企业主体责任不到位，存在安全管理缺失，对本起事故发生负有安全管理责任。建议由福鼎市安全生产监督管理局依法处理。

② 有关人员责任的认定及处理建议

a. 李某，重型自卸货车发生事故时的驾驶人。2018年1月2日8时38分左右，其驾驶的重型自卸货车从福鼎市某园区红绿灯开往福鼎市殡仪馆方向，途经肇事地点时，未遵守道路安全法律、法规的规定，未按照操作规范安全驾驶，未减速让行因非机动车道被占用无法在本车道内行驶而在受阻的路段借用相邻的机动车道的非机动车，致使事故发生。李某以上行为违反了《中华人民共和国道路交通安全法》第二十二条第一款及《中华人民共和国道路交通安全法实施条例》第七十条第二款之规定，是造成本起一般道路交通事故的直接原因。根据福鼎市公安局交警大队依法作出的道路交通事故认定书：李某应负本事故的主要责任。事故调查组经过讨论后认定，李某的以上行为属违章操作，对本事故发生负有直接责任。由司法机关追究其刑事责任。

b. 邹某，福州某物流有限公司经理，是该公司安全生产第一责任人，存在履行安全生产法定职责不到位，对本起事故发生负有安全生产管理责任，由福鼎市安全生产监督管理局依法给予处理。

c. 成某，存在未依法取得机动车驾驶证驾驶机动车逆向行驶的违法行为，对本起事故负有间接责任，建议由福鼎市公安局交警大队依法给予处理。

d. 吴某，存在道路上临时停车，妨碍其他车辆通行的违法行为，对本起事故负有间接责任，由福鼎市公安局交警大队依法给予处理。

e. 陈某，存在道路上临时停车，妨碍其他车辆通行的违法行为，对本起事故负有间接责任，由福鼎市公安局交警大队依法给予处理。

(4) 事故防范和整改措施建议

① 福州某物流有限公司今后要落实好安全生产企业主体责任，落实好车辆动态监控主体责任工作，教育和督促从业人员遵守国家有关道路交通安全法律、法规的规定和本单位有关安全操作规范，牢固树立安全生产法律意识，安全驾驶。要开展好安全生产事故隐患排查，及时消除各类事故隐患，同时要采取有效管理措施，及时发现并纠正从业人员违章作业行为，不断增强从业人员的生产安全意识。

② 福鼎市公安局交警大队今后要加强对路面道路交通等的监管，及时纠正违法行为，确保道路交通安全，同时要及时与福鼎市安全生产监督管理局等有关部门加强事故信息沟通，通报事故信息。

③ 建议由福鼎市人民政府安全生产委员会办公室函告福州市某县人民政府安全生产委员会办公室督促某县公安局交警大队、交通运输管理局等有关职能部门今后要加强对交通运输企业的安全监管，确保道路运输生产安全。

附录

涉及交通事故的法律法规

一

《生产安全事故报告和调查处理条例》

第一章 总则

第一条 为了规范生产安全事故的报告和调查处理，落实生产安全事故责任追究制度，防止和减少生产安全事故，根据《中华人民共和国安全生产法》和有关法律，制定本条例。

第二条 生产经营活动中发生的造成人身伤亡或者直接经济损失的生产安全事故的报告和调查处理，适用本条例；环境污染事故、核设施事故、国防科研生产事故的报告和调查处理不适用本条例。

第三条 根据生产安全事故（以下简称事故）造成的人员伤亡或者直接经济损失，事故一般分为以下等级：

（一）特别重大事故，是指造成30人以上死亡，或者100人以上重伤（包括急性工业中毒，下同），或者1亿元以上直接经济损失的事故；

（二）重大事故，是指造成10人以上30人以下死亡，或者50人以上100人以下重伤，或者5000万元以上1亿元以下直接经济损失的事故；

（三）较大事故，是指造成3人以上10人以下死亡，或者10人以上50人以下重伤，或者1000万元以上5000万元以下直接经济损失的事故；

（四）一般事故，是指造成3人以下死亡，或者10人以下重伤，或者1000万元以下直接经济损失的事故。

国务院安全生产监督管理部门可以会同国务院有关部门，制定事故等级划分的补充性规定。

本条第一款所称的"以上"包括本数,所称的"以下"不包括本数。

第四条 事故报告应当及时、准确、完整,任何单位和个人对事故不得迟报、漏报、谎报或者瞒报。

事故调查处理应当坚持实事求是、尊重科学的原则,及时、准确地查清事故经过、事故原因和事故损失,查明事故性质,认定事故责任,总结事故教训,提出整改措施,并对事故责任者依法追究责任。

第五条 县级以上人民政府应当依照本条例的规定,严格履行职责,及时、准确地完成事故调查处理工作。

事故发生地有关地方人民政府应当支持、配合上级人民政府或者有关部门的事故调查处理工作,并提供必要的便利条件。

参加事故调查处理的部门和单位应当互相配合,提高事故调查处理工作的效率。

第六条 工会依法参加事故调查处理,有权向有关部门提出处理意见。

第七条 任何单位和个人不得阻挠和干涉对事故的报告和依法调查处理。

第八条 对事故报告和调查处理中的违法行为,任何单位和个人有权向安全生产监督管理部门、监察机关或者其他有关部门举报,接到举报的部门应当依法及时处理。

第二章 事故报告

第九条 事故发生后,事故现场有关人员应当立即向本单位负责人报告;单位负责人接到报告后,应当于1小时内向事故发生地县级以上人民政府安全生产监督管理部门和负有安全生产监督管理职责的有关部门报告。

情况紧急时,事故现场有关人员可以直接向事故发生地县级以上人民政府安全生产监督管理部门和负有安全生产监督管理职责的有关部门报告。

第十条 安全生产监督管理部门和负有安全生产监督管理职责的有关部门接到事故报告后,应当依照下列规定上报事故情况,并通知公安机关、劳动保障行政部门、工会和人民检察院:

(一)特别重大事故、重大事故逐级上报至国务院安全生产监督管理部门和负有安全生产监督管理职责的有关部门;

(二)较大事故逐级上报至省、自治区、直辖市人民政府安全生产监督管理部门和负有安全生产监督管理职责的有关部门;

(三)一般事故上报至设区的市级人民政府安全生产监督管理部门和负有安全生产监督管理职责的有关部门。

安全生产监督管理部门和负有安全生产监督管理职责的有关部门依照前款规定上报事故情况,应当同时报告本级人民政府。国务院安全生产监督管理部门和负有安全生产监督管理职责的有关部门以及省级人民政府接到发生特别重大事故、重大事故的报告后，应当立即报告国务院。

必要时，安全生产监督管理部门和负有安全生产监督管理职责的有关部门可以越级上报事故情况。

第十一条 安全生产监督管理部门和负有安全生产监督管理职责的有关部门逐级上报事故情况，每级上报的时间不得超过2小时。

第十二条 报告事故应当包括下列内容：

（一）事故发生单位概况；

（二）事故发生的时间、地点以及事故现场情况；

（三）事故的简要经过；

（四）事故已经造成或者可能造成的伤亡人数（包括下落不明的人数）和初步估计的直接经济损失；

（五）已经采取的措施；

（六）其他应当报告的情况。

第十三条 事故报告后出现新情况的，应当及时补报。

自事故发生之日起30日内，事故造成的伤亡人数发生变化的，应当及时补报。道路交通事故、火灾事故自发生之日起7日内，事故造成的伤亡人数发生变化的，应当及时补报。

第十四条 事故发生单位负责人接到事故报告后，应当立即启动事故相应应急预案，或者采取有效措施，组织抢救，防止事故扩大，减少人员伤亡和财产损失。

第十五条 事故发生地有关地方人民政府、安全生产监督管理部门和负有安全生产监督管理职责的有关部门接到事故报告后，其负责人应当立即赶赴事故现场，组织事故救援。

第十六条 事故发生后，有关单位和人员应当妥善保护事故现场以及相关证据，任何单位和个人不得破坏事故现场、毁灭相关证据。

因抢救人员、防止事故扩大以及疏通交通等原因，需要移动事故现场物件的，应当做出标志，绘制现场简图并做出书面记录，妥善保存现场重要痕迹、物证。

第十七条 事故发生地公安机关根据事故的情况，对涉嫌犯罪的，应当依法立案侦查，采取强制措施和侦查措施。犯罪嫌疑人逃匿的，公安机关应当迅速追捕归案。

第十八条 安全生产监督管理部门和负有安全生产监督管理职责的有关部门应当建立值班制度，并向社会公布值班电话，受理事故报告和举报。

第三章 事故调查

第十九条 特别重大事故由国务院或者国务院授权有关部门组织事故调查

组进行调查。

重大事故、较大事故、一般事故分别由事故发生地省级人民政府、设区的市级人民政府、县级人民政府负责调查。省级人民政府、设区的市级人民政府、县级人民政府可以直接组织事故调查组进行调查，也可以授权或者委托有关部门组织事故调查组进行调查。

未造成人员伤亡的一般事故，县级人民政府也可以委托事故发生单位组织事故调查组进行调查。

第二十条 上级人民政府认为必要时，可以调查由下级人民政府负责调查的事故。

自事故发生之日起30日内（道路交通事故、火灾事故自发生之日起7日内），因事故伤亡人数变化导致事故等级发生变化，依照本条例规定应当由上级人民政府负责调查的，上级人民政府可以另行组织事故调查组进行调查。

第二十一条 特别重大事故以下等级事故，事故发生地与事故发生单位不在同一个县级以上行政区域的，由事故发生地人民政府负责调查，事故发生单位所在地人民政府应当派人参加。

第二十二条 事故调查组的组成应当遵循精简、效能的原则。

根据事故的具体情况，事故调查组由有关人民政府、安全生产监督管理部门、负有安全生产监督管理职责的有关部门、监察机关、公安机关以及工会派人组成，并应当邀请人民检察院派人参加。

事故调查组可以聘请有关专家参与调查。

第二十三条 事故调查组成员应当具有事故调查所需要的知识和专长，并与所调查的事故没有直接利害关系。

第二十四条 事故调查组组长由负责事故调查的人民政府指定。事故调查组组长主持事故调查组的工作。

第二十五条 事故调查组履行下列职责：

（一）查明事故发生的经过、原因、人员伤亡情况及直接经济损失；

（二）认定事故的性质和事故责任；

（三）提出对事故责任者的处理建议；

（四）总结事故教训，提出防范和整改措施；

（五）提交事故调查报告。

第二十六条 事故调查组有权向有关单位和个人了解与事故有关的情况，并要求其提供相关文件、资料，有关单位和个人不得拒绝。

事故发生单位的负责人和有关人员在事故调查期间不得擅离职守，并应当随时接受事故调查组的询问，如实提供有关情况。

事故调查中发现涉嫌犯罪的,事故调查组应当及时将有关材料或者其复印件移交司法机关处理。

第二十七条　事故调查中需要进行技术鉴定的,事故调查组应当委托具有国家规定资质的单位进行技术鉴定。必要时,事故调查组可以直接组织专家进行技术鉴定。技术鉴定所需时间不计入事故调查期限。

第二十八条　事故调查组成员在事故调查工作中应当诚信公正、恪尽职守,遵守事故调查组的纪律,保守事故调查的秘密。

未经事故调查组组长允许,事故调查组成员不得擅自发布有关事故的信息。

第二十九条　事故调查组应当自事故发生之日起60日内提交事故调查报告;特殊情况下,经负责事故调查的人民政府批准,提交事故调查报告的期限可以适当延长,但延长的期限最长不超过60日。

第三十条　事故调查报告应当包括下列内容:

(一) 事故发生单位概况;
(二) 事故发生经过和事故救援情况;
(三) 事故造成的人员伤亡和直接经济损失;
(四) 事故发生的原因和事故性质;
(五) 事故责任的认定以及对事故责任者的处理建议;
(六) 事故防范和整改措施。

事故调查报告应当附具有关证据材料。事故调查组成员应当在事故调查报告上签名。

第三十一条　事故调查报告报送负责事故调查的人民政府后,事故调查工作即告结束。事故调查的有关资料应当归档保存。

第四章　事故处理

第三十二条　重大事故、较大事故、一般事故,负责事故调查的人民政府应当自收到事故调查报告之日起15日内做出批复;特别重大事故,30日内做出批复,特殊情况下,批复时间可以适当延长,但延长的时间最长不超过30日。

有关机关应当按照人民政府的批复,依照法律、行政法规规定的权限和程序,对事故发生单位和有关人员进行行政处罚,对负有事故责任的国家工作人员进行处分。

事故发生单位应当按照负责事故调查的人民政府的批复,对本单位负有事故责任的人员进行处理。

负有事故责任的人员涉嫌犯罪的,依法追究刑事责任。

第三十三条　事故发生单位应当认真吸取事故教训,落实防范和整改措施,防止事故再次发生。防范和整改措施的落实情况应当接受工会和职工的监督。

安全生产监督管理部门和负有安全生产监督管理职责的有关部门应当对事故发生单位落实防范和整改措施的情况进行监督检查。

第三十四条 事故处理的情况由负责事故调查的人民政府或者其授权的有关部门、机构向社会公布，依法应当保密的除外。

第五章 法律责任

第三十五条 事故发生单位主要负责人有下列行为之一的，处上一年年收入40%至80%的罚款；属于国家工作人员的，并依法给予处分；构成犯罪的，依法追究刑事责任：

（一）不立即组织事故抢救的；

（二）迟报或者漏报事故的；

（三）在事故调查处理期间擅离职守的。

第三十六条 事故发生单位及其有关人员有下列行为之一的，对事故发生单位处100万元以上500万元以下的罚款；对主要负责人、直接负责的主管人员和其他直接责任人员处上一年年收入60%至100%的罚款；属于国家工作人员的，并依法给予处分；构成违反治安管理行为的，由公安机关依法给予治安管理处罚；构成犯罪的，依法追究刑事责任：

（一）谎报或者瞒报事故的；

（二）伪造或者故意破坏事故现场的；

（三）转移、隐匿资金、财产，或者销毁有关证据、资料的；

（四）拒绝接受调查或者拒绝提供有关情况和资料的；

（五）在事故调查中作伪证或者指使他人作伪证的；

（六）事故发生后逃匿的。

第三十七条 事故发生单位对事故发生负有责任的，依照下列规定处以罚款：

（一）发生一般事故的，处10万元以上20万元以下的罚款；

（二）发生较大事故的，处20万元以上50万元以下的罚款；

（三）发生重大事故的，处50万元以上200万元以下的罚款；

（四）发生特别重大事故的，处200万元以上500万元以下的罚款。

第三十八条 事故发生单位主要负责人未依法履行安全生产管理职责，导致事故发生的，依照下列规定处以罚款；属于国家工作人员的，并依法给予处分；构成犯罪的，依法追究刑事责任：

（一）发生一般事故的，处上一年年收入30%的罚款；

（二）发生较大事故的，处上一年年收入40%的罚款；

（三）发生重大事故的，处上一年年收入60%的罚款；

（四）发生特别重大事故的，处上一年年收入80%的罚款。

第三十九条　有关地方人民政府、安全生产监督管理部门和负有安全生产监督管理职责的有关部门有下列行为之一的，对直接负责的主管人员和其他直接责任人员依法给予处分；构成犯罪的，依法追究刑事责任：

（一）不立即组织事故抢救的；

（二）迟报、漏报、谎报或者瞒报事故的；

（三）阻碍、干涉事故调查工作的；

（四）在事故调查中作伪证或者指使他人作伪证的。

第四十条　事故发生单位对事故发生负有责任的，由有关部门依法暂扣或者吊销其有关证照；对事故发生单位负有事故责任的有关人员，依法暂停或者撤销其与安全生产有关的执业资格、岗位证书；事故发生单位主要负责人受到刑事处罚或者撤职处分的，自刑罚执行完毕或者受处分之日起，5年内不得担任任何生产经营单位的主要负责人。

为发生事故的单位提供虚假证明的中介机构，由有关部门依法暂扣或者吊销其有关证照及其相关人员的执业资格；构成犯罪的，依法追究刑事责任。

第四十一条　参与事故调查的人员在事故调查中有下列行为之一的，依法给予处分；构成犯罪的，依法追究刑事责任：

（一）对事故调查工作不负责任，致使事故调查工作有重大疏漏的；

（二）包庇、袒护负有事故责任的人员或者借机打击报复的。

第四十二条　违反本条例规定，有关地方人民政府或者有关部门故意拖延或者拒绝落实经批复的对事故责任人的处理意见的，由监察机关对有关责任人员依法给予处分。

第四十三条　本条例规定的罚款的行政处罚，由安全生产监督管理部门决定。法律、行政法规对行政处罚的种类、幅度和决定机关另有规定的，依照其规定。

第六章　附则

第四十四条　没有造成人员伤亡，但是社会影响恶劣的事故，国务院或者有关地方人民政府认为需要调查处理的，依照本条例的有关规定执行。

国家机关、事业单位、人民团体发生的事故的报告和调查处理，参照本条例的规定执行。

第四十五条　特别重大事故以下等级事故的报告和调查处理，有关法律、行政法规或者国务院另有规定的，依照其规定。

第四十六条　本条例自2007年6月1日起施行。国务院1989年3月29日公布的《特别重大事故调查程序暂行规定》和1991年2月22日公布的《企业职工伤亡事故报告和处理规定》同时废止。

二 《中华人民共和国道路交通安全法》

第一章 总则

第一条 为了维护道路交通秩序,预防和减少交通事故,保护人身安全,保护公民、法人和其他组织的财产安全及其他合法权益,提高通行效率,制定本法。

第二条 中华人民共和国境内的车辆驾驶人、行人、乘车人以及与道路交通活动有关的单位和个人,都应当遵守本法。

第三条 道路交通安全工作,应当遵循依法管理、方便群众的原则,保障道路交通有序、安全、畅通。

第四条 各级人民政府应当保障道路交通安全管理工作与经济建设和社会发展相适应。

县级以上地方各级人民政府应当适应道路交通发展的需要,依据道路交通安全法律、法规和国家有关政策,制定道路交通安全管理规划,并组织实施。

第五条 国务院公安部门负责全国道路交通安全管理工作。县级以上地方各级人民政府公安机关交通管理部门负责本行政区域内的道路交通安全管理工作。

县级以上各级人民政府交通、建设管理部门依据各自职责,负责有关的道路交通工作。

第六条 各级人民政府应当经常进行道路交通安全教育,提高公民的道路交通安全意识。

公安机关交通管理部门及其交通警察执行职务时,应当加强道路交通安全法律、法规的宣传,并模范遵守道路交通安全法律、法规。

机关、部队、企业事业单位、社会团体以及其他组织,应当对本单位的人员进行道路交通安全教育。

教育行政部门、学校应当将道路交通安全教育纳入法制教育的内容。

新闻、出版、广播、电视等有关单位,有进行道路交通安全教育的义务。

第七条 对道路交通安全管理工作,应当加强科学研究,推广、使用先进的管理方法、技术、设备。

第二章 车辆和驾驶人

第一节 机动车、非机动车

第八条 国家对机动车实行登记制度。机动车经公安机关交通管理部门登记后,方可上道路行驶。尚未登记的机动车,需要临时上道路行驶的,应当取得临时通行牌证。

第九条 申请机动车登记,应当提交以下证明、凭证:

(一)机动车所有人的身份证明;

(二)机动车来历证明;

(三)机动车整车出厂合格证明或者进口机动车进口凭证;

(四)车辆购置税的完税证明或者免税凭证;

(五)法律、行政法规规定应当在机动车登记时提交的其他证明、凭证。

公安机关交通管理部门应当自受理申请之日起五个工作日内完成机动车登记审查工作,对符合前款规定条件的,应当发放机动车登记证书、号牌和行驶证;对不符合前款规定条件的,应当向申请人说明不予登记的理由。

公安机关交通管理部门以外的任何单位或者个人不得发放机动车号牌或者要求机动车悬挂其他号牌,本法另有规定的除外。

机动车登记证书、号牌、行驶证的式样由国务院公安部门规定并监制。

第十条 准予登记的机动车应当符合机动车国家安全技术标准。申请机动车登记时,应当接受对该机动车的安全技术检验。但是,经国家机动车产品主管部门依据机动车国家安全技术标准认定的企业生产的机动车型,该车型的新车在出厂时经检验符合机动车国家安全技术标准,获得检验合格证的,免予安全技术检验。

第十一条 驾驶机动车上道路行驶,应当悬挂机动车号牌,放置检验合格标志、保险标志,并随车携带机动车行驶证。

机动车号牌应当按照规定悬挂并保持清晰、完整,不得故意遮挡、污损。

任何单位和个人不得收缴、扣留机动车号牌。

第十二条 有下列情形之一的,应当办理相应的登记:

(一)机动车所有权发生转移的;

(二)机动车登记内容变更的;

(三)机动车用作抵押的;

(四)机动车报废的。

第十三条 对登记后上道路行驶的机动车,应当依照法律、行政法规的规定,根据车辆用途、载客载货数量、使用年限等不同情况,定期进行安全技术检验。对提供机动车行驶证和机动车第三者责任强制保险单的,机动车安全技术检验机构应当予以检验,任何单位不得附加其他条件。对符合机动车国家安全技术标准的,公安机关交通管理部门应当发给检验合格标志。

对机动车的安全技术检验实行社会化。具体办法由国务院规定。

机动车安全技术检验实行社会化的地方,任何单位不得要求机动车到指定的场所进行检验。

公安机关交通管理部门、机动车安全技术检验机构不得要求机动车到指定的场所进行维修、保养。

机动车安全技术检验机构对机动车检验收取费用，应当严格执行国务院价格主管部门核定的收费标准。

第十四条 国家实行机动车强制报废制度，根据机动车的安全技术状况和不同用途，规定不同的报废标准。

应当报废的机动车必须及时办理注销登记。

达到报废标准的机动车不得上道路行驶。报废的大型客、货车及其他营运车辆应当在公安机关交通管理部门的监督下解体。

第十五条 警车、消防车、救护车、工程救险车应当按照规定喷涂标志图案，安装警报器、标志灯具。其他机动车不得喷涂、安装、使用上述车辆专用的或者与其相类似的标志图案、警报器或者标志灯具。

警车、消防车、救护车、工程救险车应当严格按照规定的用途和条件使用。

公路监督检查的专用车辆，应当依照公路法的规定，设置统一的标志和示警灯。

第十六条 任何单位或者个人不得有下列行为：

（一）拼装机动车或者擅自改变机动车已登记的结构、构造或者特征；

（二）改变机动车型号、发动机号、车架号或者车辆识别代号；

（三）伪造、变造或者使用伪造、变造的机动车登记证书、号牌、行驶证、检验合格标志、保险标志；

（四）使用其他机动车的登记证书、号牌、行驶证、检验合格标志、保险标志。

第十七条 国家实行机动车第三者责任强制保险制度，设立道路交通事故社会救助基金。具体办法由国务院规定。

第十八条 依法应当登记的非机动车，经公安机关交通管理部门登记后，方可上道路行驶。

依法应当登记的非机动车的种类，由省、自治区、直辖市人民政府根据当地实际情况规定。

非机动车的外形尺寸、质量、制动器、车铃和夜间反光装置，应当符合非机动车安全技术标准。

第二节 机动车驾驶人

第十九条 驾驶机动车，应当依法取得机动车驾驶证。

申请机动车驾驶证，应当符合国务院公安部门规定的驾驶许可条件；经考试合格后，由公安机关交通管理部门发给相应类别的机动车驾驶证。

持有境外机动车驾驶证的人，符合国务院公安部门规定的驾驶许可条件，经公安机关交通管理部门考核合格的，可以发给中国的机动车驾驶证。

驾驶人应当按照驾驶证载明的准驾车型驾驶机动车；驾驶机动车时，应当随身携带机动车驾驶证。

公安机关交通管理部门以外的任何单位或者个人，不得收缴、扣留机动车驾驶证。

第二十条　机动车的驾驶培训实行社会化，由交通运输主管部门对驾驶培训学校、驾驶培训班实行备案管理，并对驾驶培训活动加强监督，其中专门的拖拉机驾驶培训学校、驾驶培训班由农业（农业机械）主管部门实行监督管理。

驾驶培训学校、驾驶培训班应当严格按照国家有关规定，对学员进行道路交通安全法律、法规、驾驶技能的培训，确保培训质量。

任何国家机关以及驾驶培训和考试主管部门不得举办或者参与举办驾驶培训学校、驾驶培训班。

第二十一条　驾驶人驾驶机动车上道路行驶前，应当对机动车的安全技术性能进行认真检查；不得驾驶安全设施不全或者机件不符合技术标准等具有安全隐患的机动车。

第二十二条　机动车驾驶人应当遵守道路交通安全法律、法规的规定，按照操作规范安全驾驶、文明驾驶。

饮酒、服用国家管制的精神药品或者麻醉药品，或者患有妨碍安全驾驶机动车的疾病，或者过度疲劳影响安全驾驶的，不得驾驶机动车。

任何人不得强迫、指使、纵容驾驶人违反道路交通安全法律、法规和机动车安全驾驶要求驾驶机动车。

第二十三条　公安机关交通管理部门依照法律、行政法规的规定，定期对机动车驾驶证实施审验。

第二十四条　公安机关交通管理部门对机动车驾驶人违反道路交通安全法律、法规的行为，除依法给予行政处罚外，实行累积记分制度。公安机关交通管理部门对累积记分达到规定分值的机动车驾驶人，扣留机动车驾驶证，对其进行道路交通安全法律、法规教育，重新考试；考试合格的，发还其机动车驾驶证。

对遵守道路交通安全法律、法规，在一年内无累积记分的机动车驾驶人，可以延长机动车驾驶证的审验期。具体办法由国务院公安部门规定。

第三章　道路通行条件

第二十五条　全国实行统一的道路交通信号。

交通信号包括交通信号灯、交通标志、交通标线和交通警察的指挥。

交通信号灯、交通标志、交通标线的设置应当符合道路交通安全、畅通的要求和国家标准，并保持清晰、醒目、准确、完好。

根据通行需要,应当及时增设、调换、更新道路交通信号。增设、调换、更新限制性的道路交通信号,应当提前向社会公告,广泛进行宣传。

第二十六条 交通信号灯由红灯、绿灯、黄灯组成。红灯表示禁止通行,绿灯表示准许通行,黄灯表示警示。

第二十七条 铁路与道路平面交叉的道口,应当设置警示灯、警示标志或者安全防护设施。无人看守的铁路道口,应当在距道口一定距离处设置警示标志。

第二十八条 任何单位和个人不得擅自设置、移动、占用、损毁交通信号灯、交通标志、交通标线。

道路两侧及隔离带上种植的树木或者其他植物,设置的广告牌、管线等,应当与交通设施保持必要的距离,不得遮挡路灯、交通信号灯、交通标志,不得妨碍安全视距,不得影响通行。

第二十九条 道路、停车场和道路配套设施的规划、设计、建设,应当符合道路交通安全、畅通的要求,并根据交通需求及时调整。

公安机关交通管理部门发现已经投入使用的道路存在交通事故频发路段,或者停车场、道路配套设施存在交通安全严重隐患的,应当及时向当地人民政府报告,并提出防范交通事故、消除隐患的建议,当地人民政府应当及时作出处理决定。

第三十条 道路出现坍塌、坑槽、水毁、隆起等损毁或者交通信号灯、交通标志、交通标线等交通设施损毁、灭失的,道路、交通设施的养护部门或者管理部门应当设置警示标志并及时修复。

公安机关交通管理部门发现前款情形,危及交通安全,尚未设置警示标志的,应当及时采取安全措施,疏导交通,并通知道路、交通设施的养护部门或者管理部门。

第三十一条 未经许可,任何单位和个人不得占用道路从事非交通活动。

第三十二条 因工程建设需要占用、挖掘道路,或者跨越、穿越道路架设、增设管线设施,应当事先征得道路主管部门的同意;影响交通安全的,还应当征得公安机关交通管理部门的同意。

施工作业单位应当在经批准的路段和时间内施工作业,并在距离施工作业地点来车方向安全距离处设置明显的安全警示标志,采取防护措施;施工作业完毕,应当迅速清除道路上的障碍物,消除安全隐患,经道路主管部门和公安机关交通管理部门验收合格,符合通行要求后,方可恢复通行。

对未中断交通的施工作业道路,公安机关交通管理部门应当加强交通安全监督检查,维护道路交通秩序。

第三十三条 新建、改建、扩建的公共建筑、商业街区、居住区、大(中)型建筑等,应当配建、增建停车场;停车泊位不足的,应当及时改建或者扩建;

投入使用的停车场不得擅自停止使用或者改作他用。

在城市道路范围内,在不影响行人、车辆通行的情况下,政府有关部门可以施划停车泊位。

第三十四条 学校、幼儿园、医院、养老院门前的道路没有行人过街设施的,应当施划人行横道线,设置提示标志。

城市主要道路的人行道,应当按照规划设置盲道。盲道的设置应当符合国家标准。

第四章 道路通行规定

第一节 一般规定

第三十五条 机动车、非机动车实行右侧通行。

第三十六条 根据道路条件和通行需要,道路划分为机动车道、非机动车道和人行道的,机动车、非机动车、行人实行分道通行。没有划分机动车道、非机动车道和人行道的,机动车在道路中间通行,非机动车和行人在道路两侧通行。

第三十七条 道路划设专用车道的,在专用车道内,只准许规定的车辆通行,其他车辆不得进入专用车道内行驶。

第三十八条 车辆、行人应当按照交通信号通行;遇有交通警察现场指挥时,应当按照交通警察的指挥通行;在没有交通信号的道路上,应当在确保安全、畅通的原则下通行。

第三十九条 公安机关交通管理部门根据道路和交通流量的具体情况,可以对机动车、非机动车、行人采取疏导、限制通行、禁止通行等措施。遇有大型群众性活动、大范围施工等情况,需要采取限制交通的措施,或者作出与公众的道路交通活动直接有关的决定,应当提前向社会公告。

第四十条 遇有自然灾害、恶劣气象条件或者重大交通事故等严重影响交通安全的情形,采取其他措施难以保证交通安全时,公安机关交通管理部门可以实行交通管制。

第四十一条 有关道路通行的其他具体规定,由国务院规定。

第二节 机动车通行规定

第四十二条 机动车上道路行驶,不得超过限速标志标明的最高时速。在没有限速标志的路段,应当保持安全车速。

夜间行驶或者在容易发生危险的路段行驶,以及遇有沙尘、冰雹、雨、雪、雾、结冰等气象条件时,应当降低行驶速度。

第四十三条 同车道行驶的机动车,后车应当与前车保持足以采取紧急制动措施的安全距离。有下列情形之一的,不得超车:

(一)前车正在左转弯、掉头、超车的;

（二）与对面来车有会车可能的；

（三）前车为执行紧急任务的警车、消防车、救护车、工程救险车的；

（四）行经铁路道口、交叉路口、窄桥、弯道、陡坡、隧道、人行横道、市区交通流量大的路段等没有超车条件的。

第四十四条　机动车通过交叉路口，应当按照交通信号灯、交通标志、交通标线或者交通警察的指挥通过；通过没有交通信号灯、交通标志、交通标线或者交通警察指挥的交叉路口时，应当减速慢行，并让行人和优先通行的车辆先行。

第四十五条　机动车遇有前方车辆停车排队等候或者缓慢行驶时，不得借道超车或者占用对面车道，不得穿插等候的车辆。

在车道减少的路段、路口，或者在没有交通信号灯、交通标志、交通标线或者交通警察指挥的交叉路口遇到停车排队等候或者缓慢行驶时，机动车应当依次交替通行。

第四十六条　机动车通过铁路道口时，应当按照交通信号或者管理人员的指挥通行；没有交通信号或者管理人员的，应当减速或者停车，在确认安全后通过。

第四十七条　机动车行经人行横道时，应当减速行驶；遇行人正在通过人行横道，应当停车让行。

机动车行经没有交通信号的道路时，遇行人横过道路，应当避让。

第四十八条　机动车载物应当符合核定的载质量，严禁超载；载物的长、宽、高不得违反装载要求，不得遗洒、飘散载运物。

机动车运载超限的不可解体的物品，影响交通安全的，应当按照公安机关交通管理部门指定的时间、路线、速度行驶，悬挂明显标志。在公路上运载超限的不可解体的物品，并应当依照公路法的规定执行。

机动车载运爆炸物品、易燃易爆化学物品以及剧毒、放射性等危险物品，应当经公安机关批准后，按指定的时间、路线、速度行驶，悬挂警示标志并采取必要的安全措施。

第四十九条　机动车载人不得超过核定的人数，客运机动车不得违反规定载货。

第五十条　禁止货运机动车载客。

货运机动车需要附载作业人员的，应当设置保护作业人员的安全措施。

第五十一条　机动车行驶时，驾驶人、乘坐人员应当按规定使用安全带，摩托车驾驶人及乘坐人员应当按规定戴安全头盔。

第五十二条　机动车在道路上发生故障，需要停车排除故障时，驾驶人应当立即开启危险报警闪光灯，将机动车移至不妨碍交通的地方停放；难以移动的，应当持续开启危险报警闪光灯，并在来车方向设置警告标志等措施扩大示警距离，必要时迅速报警。

第五十三条 警车、消防车、救护车、工程救险车执行紧急任务时，可以使用警报器、标志灯具；在确保安全的前提下，不受行驶路线、行驶方向、行驶速度和信号灯的限制，其他车辆和行人应当让行。

警车、消防车、救护车、工程救险车非执行紧急任务时，不得使用警报器、标志灯具，不享有前款规定的道路优先通行权。

第五十四条 道路养护车辆、工程作业车进行作业时，在不影响过往车辆通行的前提下，其行驶路线和方向不受交通标志、标线限制，过往车辆和人员应当注意避让。

洒水车、清扫车等机动车应当按照安全作业标准作业；在不影响其他车辆通行的情况下，可以不受车辆分道行驶的限制，但是不得逆向行驶。

第五十五条 高速公路、大中城市中心城区内的道路，禁止拖拉机通行。其他禁止拖拉机通行的道路，由省、自治区、直辖市人民政府根据当地实际情况规定。

在允许拖拉机通行的道路上，拖拉机可以从事货运，但是不得用于载人。

第五十六条 机动车应当在规定地点停放。禁止在人行道上停放机动车；但是，依照本法第三十三条规定施划的停车泊位除外。

在道路上临时停车的，不得妨碍其他车辆和行人通行。

第三节 非机动车通行规定

第五十七条 驾驶非机动车在道路上行驶应当遵守有关交通安全的规定。非机动车应当在非机动车道内行驶；在没有非机动车道的道路上，应当靠车行道的右侧行驶。

第五十八条 残疾人机动轮椅车、电动自行车在非机动车道内行驶时，最高时速不得超过十五公里。

第五十九条 非机动车应当在规定地点停放。未设停放地点的，非机动车停放不得妨碍其他车辆和行人通行。

第六十条 驾驭畜力车，应当使用驯服的牲畜；驾驭畜力车横过道路时，驾驭人应当下车牵引牲畜；驾驭人离开车辆时，应当拴系牲畜。

第四节 行人和乘车人通行规定

第六十一条 行人应当在人行道内行走，没有人行道的靠路边行走。

第六十二条 行人通过路口或者横过道路，应当走人行横道或者过街设施；通过有交通信号灯的人行横道，应当按照交通信号灯指示通行；通过没有交通信号灯、人行横道的路口，或者在没有过街设施的路段横过道路，应当在确认安全后通过。

第六十三条 行人不得跨越、倚坐道路隔离设施，不得扒车、强行拦车或者实施妨碍道路交通安全的其他行为。

第六十四条 学龄前儿童以及不能辨认或者不能控制自己行为的精神疾病患者、智力障碍者在道路上通行，应当由其监护人、监护人委托的人或者对其负有管理、保护职责的人带领。

盲人在道路上通行，应当使用盲杖或者采取其他导盲手段，车辆应当避让盲人。

第六十五条 行人通过铁路道口时，应当按照交通信号或者管理人员的指挥通行；没有交通信号和管理人员的，应当在确认无火车驶临后，迅速通过。

第六十六条 乘车人不得携带易燃易爆等危险物品，不得向车外抛洒物品，不得有影响驾驶人安全驾驶的行为。

第五节 高速公路的特别规定

第六十七条 行人、非机动车、拖拉机、轮式专用机械车、铰接式客车、全挂拖斗车以及其他设计最高时速低于七十公里的机动车，不得进入高速公路。高速公路限速标志标明的最高时速不得超过一百二十公里。

第六十八条 机动车在高速公路上发生故障时，应当依照本法第五十二条的有关规定办理；但是，警告标志应当设置在故障车来车方向一百五十米以外，车上人员应当迅速转移到右侧路肩上或者应急车道内，并且迅速报警。

机动车在高速公路上发生故障或者交通事故，无法正常行驶的，应当由救援车、清障车拖曳、牵引。

第六十九条 任何单位、个人不得在高速公路上拦截检查行驶的车辆，公安机关的人民警察依法执行紧急公务除外。

第五章 交通事故处理

第七十条 在道路上发生交通事故，车辆驾驶人应当立即停车，保护现场；造成人身伤亡的，车辆驾驶人应当立即抢救受伤人员，并迅速报告执勤的交通警察或者公安机关交通管理部门。因抢救受伤人员变动现场的，应当标明位置。乘车人、过往车辆驾驶人、过往行人应当予以协助。

在道路上发生交通事故，未造成人身伤亡，当事人对事实及成因无争议的，可以即行撤离现场，恢复交通，自行协商处理损害赔偿事宜；不即行撤离现场的，应当迅速报告执勤的交通警察或者公安机关交通管理部门。

在道路上发生交通事故，仅造成轻微财产损失，并且基本事实清楚的，当事人应当先撤离现场再进行协商处理。

第七十一条 车辆发生交通事故后逃逸的，事故现场目击人员和其他知情人员应当向公安机关交通管理部门或者交通警察举报。举报属实的，公安机关交通管理部门应当给予奖励。

第七十二条 公安机关交通管理部门接到交通事故报警后,应当立即派交通警察赶赴现场,先组织抢救受伤人员,并采取措施,尽快恢复交通。

交通警察应当对交通事故现场进行勘验、检查,收集证据;因收集证据的需要,可以扣留事故车辆,但是应当妥善保管,以备核查。

对当事人的生理、精神状况等专业性较强的检验,公安机关交通管理部门应当委托专门机构进行鉴定。鉴定结论应当由鉴定人签名。

第七十三条 公安机关交通管理部门应当根据交通事故现场勘验、检查、调查情况和有关的检验、鉴定结论,及时制作交通事故认定书,作为处理交通事故的证据。交通事故认定书应当载明交通事故的基本事实、成因和当事人的责任,并送达当事人。

第七十四条 对交通事故损害赔偿的争议,当事人可以请求公安机关交通管理部门调解,也可以直接向人民法院提起民事诉讼。

经公安机关交通管理部门调解,当事人未达成协议或者调解书生效后不履行的,当事人可以向人民法院提起民事诉讼。

第七十五条 医疗机构对交通事故中的受伤人员应当及时抢救,不得因抢救费用未及时支付而拖延救治。肇事车辆参加机动车第三者责任强制保险的,由保险公司在责任限额范围内支付抢救费用;抢救费用超过责任限额的,未参加机动车第三者责任强制保险或者肇事后逃逸的,由道路交通事故社会救助基金先行垫付部分或者全部抢救费用,道路交通事故社会救助基金管理机构有权向交通事故责任人追偿。

第七十六条 机动车发生交通事故造成人身伤亡、财产损失的,由保险公司在机动车第三者责任强制保险责任限额范围内予以赔偿;不足的部分,按照下列规定承担赔偿责任:

(一)机动车之间发生交通事故的,由有过错的一方承担赔偿责任;双方都有过错的,按照各自过错的比例分担责任。

(二)机动车与非机动车驾驶人、行人之间发生交通事故,非机动车驾驶人、行人没有过错的,由机动车一方承担赔偿责任;有证据证明非机动车驾驶人、行人有过错的,根据过错程度适当减轻机动车一方的赔偿责任;机动车一方没有过错的,承担不超过百分之十的赔偿责任。

交通事故的损失是由非机动车驾驶人、行人故意碰撞机动车造成的,机动车一方不承担赔偿责任。

第七十七条 车辆在道路以外通行时发生的事故,公安机关交通管理部门接到报案的,参照本法有关规定办理。

第六章　执法监督

第七十八条　公安机关交通管理部门应当加强对交通警察的管理,提高交通警察的素质和管理道路交通的水平。

公安机关交通管理部门应当对交通警察进行法制和交通安全管理业务培训、考核。交通警察经考核不合格的,不得上岗执行职务。

第七十九条　公安机关交通管理部门及其交通警察实施道路交通安全管理,应当依据法定的职权和程序,简化办事手续,做到公正、严格、文明、高效。

第八十条　交通警察执行职务时,应当按照规定着装,佩戴人民警察标志,持有人民警察证件,保持警容严整,举止端庄,指挥规范。

第八十一条　依照本法发放牌证等收取工本费,应当严格执行国务院价格主管部门核定的收费标准,并全部上缴国库。

第八十二条　公安机关交通管理部门依法实施罚款的行政处罚,应当依照有关法律、行政法规的规定,实施罚款决定与罚款收缴分离;收缴的罚款以及依法没收的违法所得,应当全部上缴国库。

第八十三条　交通警察调查处理道路交通安全违法行为和交通事故,有下列情形之一的,应当回避:

(一) 是本案的当事人或者当事人的近亲属;

(二) 本人或者其近亲属与本案有利害关系;

(三) 与本案当事人有其他关系,可能影响案件的公正处理。

第八十四条　公安机关交通管理部门及其交通警察的行政执法活动,应当接受行政监察机关依法实施的监督。

公安机关督察部门应当对公安机关交通管理部门及其交通警察执行法律、法规和遵守纪律的情况依法进行监督。

上级公安机关交通管理部门应当对下级公安机关交通管理部门的执法活动进行监督。

第八十五条　公安机关交通管理部门及其交通警察执行职务,应当自觉接受社会和公民的监督。

任何单位和个人都有权对公安机关交通管理部门及其交通警察不严格执法以及违法违纪行为进行检举、控告。收到检举、控告的机关,应当依据职责及时查处。

第八十六条　任何单位不得给公安机关交通管理部门下达或者变相下达罚款指标;公安机关交通管理部门不得以罚款数额作为考核交通警察的标准。

公安机关交通管理部门及其交通警察对超越法律、法规规定的指令,有权拒绝执行,并同时向上级机关报告。

第七章　法律责任

第八十七条　公安机关交通管理部门及其交通警察对道路交通安全违法行为，应当及时纠正。

公安机关交通管理部门及其交通警察应当依据事实和本法的有关规定对道路交通安全违法行为予以处罚。对于情节轻微，未影响道路通行的，指出违法行为，给予口头警告后放行。

第八十八条　对道路交通安全违法行为的处罚种类包括：警告、罚款、暂扣或者吊销机动车驾驶证、拘留。

第八十九条　行人、乘车人、非机动车驾驶人违反道路交通安全法律、法规关于道路通行规定的，处警告或者五元以上五十元以下罚款；非机动车驾驶人拒绝接受罚款处罚的，可以扣留其非机动车。

第九十条　机动车驾驶人违反道路交通安全法律、法规关于道路通行规定的，处警告或者二十元以上二百元以下罚款。本法另有规定的，依照规定处罚。

第九十一条　饮酒后驾驶机动车的，处暂扣六个月机动车驾驶证，并处一千元以上二千元以下罚款。因饮酒后驾驶机动车被处罚，再次饮酒后驾驶机动车的，处十日以下拘留，并处一千元以上二千元以下罚款，吊销机动车驾驶证。

醉酒驾驶机动车的，由公安机关交通管理部门约束至酒醒，吊销机动车驾驶证，依法追究刑事责任；五年内不得重新取得机动车驾驶证。

饮酒后驾驶营运机动车的，处十五日拘留，并处五千元罚款，吊销机动车驾驶证，五年内不得重新取得机动车驾驶证。

醉酒驾驶营运机动车的，由公安机关交通管理部门约束至酒醒，吊销机动车驾驶证，依法追究刑事责任；十年内不得重新取得机动车驾驶证，重新取得机动车驾驶证后，不得驾驶营运机动车。

饮酒后或者醉酒驾驶机动车发生重大交通事故，构成犯罪的，依法追究刑事责任，并由公安机关交通管理部门吊销机动车驾驶证，终生不得重新取得机动车驾驶证。

第九十二条　公路客运车辆载客超过额定乘员的，处二百元以上五百元以下罚款；超过额定乘员百分之二十或者违反规定载货的，处五百元以上二千元以下罚款。

货运机动车超过核定载质量的，处二百元以上五百元以下罚款；超过核定载质量百分之三十或者违反规定载客的，处五百元以上二千元以下罚款。

有前两款行为的，由公安机关交通管理部门扣留机动车至违法状态消除。

运输单位的车辆有本条第一款、第二款规定的情形，经处罚不改的，对直接负责的主管人员处二千元以上五千元以下罚款。

第九十三条 对违反道路交通安全法律、法规关于机动车停放、临时停车规定的,可以指出违法行为,并予以口头警告,令其立即驶离。

机动车驾驶人不在现场或者虽在现场但拒绝立即驶离,妨碍其他车辆、行人通行的,处二十元以上二百元以下罚款,并可以将该机动车拖移至不妨碍交通的地点或者公安机关交通管理部门指定的地点停放。公安机关交通管理部门拖车不得向当事人收取费用,并应当及时告知当事人停放地点。

因采取不正确的方法拖车造成机动车损坏的,应当依法承担补偿责任。

第九十四条 机动车安全技术检验机构实施机动车安全技术检验超过国务院价格主管部门核定的收费标准收取费用的,退还多收取的费用,并由价格主管部门依照《中华人民共和国价格法》的有关规定给予处罚。

机动车安全技术检验机构不按照机动车国家安全技术标准进行检验,出具虚假检验结果的,由公安机关交通管理部门处所收检验费用五倍以上十倍以下罚款,并依法撤销其检验资格;构成犯罪的,依法追究刑事责任。

第九十五条 上道路行驶的机动车未悬挂机动车号牌,未放置检验合格标志、保险标志,或者未随车携带行驶证、驾驶证的,公安机关交通管理部门应当扣留机动车,通知当事人提供相应的牌证、标志或者补办相应手续,并可以依照本法第九十条的规定予以处罚。当事人提供相应的牌证、标志或者补办相应手续的,应当及时退还机动车。

故意遮挡、污损或者不按规定安装机动车号牌的,依照本法第九十条的规定予以处罚。

第九十六条 伪造、变造或者使用伪造、变造的机动车登记证书、号牌、行驶证、驾驶证的,由公安机关交通管理部门予以收缴,扣留该机动车,处十五日以下拘留,并处二千元以上五千元以下罚款;构成犯罪的,依法追究刑事责任。

伪造、变造或者使用伪造、变造的检验合格标志、保险标志的,由公安机关交通管理部门予以收缴,扣留该机动车,处十日以下拘留,并处一千元以上三千元以下罚款;构成犯罪的,依法追究刑事责任。

使用其他车辆的机动车登记证书、号牌、行驶证、检验合格标志、保险标志的,由公安机关交通管理部门予以收缴,扣留该机动车,处二千元以上五千元以下罚款。

当事人提供相应的合法证明或者补办相应手续的,应当及时退还机动车。

第九十七条 非法安装警报器、标志灯具的,由公安机关交通管理部门强制拆除,予以收缴,并处二百元以上二千元以下罚款。

第九十八条 机动车所有人、管理人未按照国家规定投保机动车第三者责任强制保险的,由公安机关交通管理部门扣留车辆至依照规定投保后,并处依照规定投保最低责任限额应缴纳的保险费的二倍罚款。

依照前款缴纳的罚款全部纳入道路交通事故社会救助基金。具体办法由国务院规定。

第九十九条 有下列行为之一的，由公安机关交通管理部门处二百元以上二千元以下罚款：

（一）未取得机动车驾驶证、机动车驾驶证被吊销或者机动车驾驶证被暂扣期间驾驶机动车的；

（二）将机动车交由未取得机动车驾驶证或者机动车驾驶证被吊销、暂扣的人驾驶的；

（三）造成交通事故后逃逸，尚不构成犯罪的；

（四）机动车行驶超过规定时速百分之五十的；

（五）强迫机动车驾驶人违反道路交通安全法律、法规和机动车安全驾驶要求驾驶机动车，造成交通事故，尚不构成犯罪的；

（六）违反交通管制的规定强行通行，不听劝阻的；

（七）故意损毁、移动、涂改交通设施，造成危害后果，尚不构成犯罪的；

（八）非法拦截、扣留机动车辆，不听劝阻，造成交通严重阻塞或者较大财产损失的。

行为人有前款第二项、第四项情形之一的，可以并处吊销机动车驾驶证；有第一项、第三项、第五项至第八项情形之一的，可以并处十五日以下拘留。

第一百条 驾驶拼装的机动车或者已达到报废标准的机动车上道路行驶的，公安机关交通管理部门应当予以收缴，强制报废。

对驾驶前款所列机动车上道路行驶的驾驶人，处二百元以上二千元以下罚款，并吊销机动车驾驶证。

出售已达到报废标准的机动车的，没收违法所得，处销售金额等额的罚款，对该机动车依照本条第一款的规定处理。

第一百零一条 违反道路交通安全法律、法规的规定，发生重大交通事故，构成犯罪的，依法追究刑事责任，并由公安机关交通管理部门吊销机动车驾驶证。

造成交通事故后逃逸的，由公安机关交通管理部门吊销机动车驾驶证，且终生不得重新取得机动车驾驶证。

第一百零二条 对六个月内发生二次以上特大交通事故负有主要责任或者全部责任的专业运输单位，由公安机关交通管理部门责令消除安全隐患，未消除安全隐患的机动车，禁止上道路行驶。

第一百零三条 国家机动车产品主管部门未按照机动车国家安全技术标准严格审查，许可不合格机动车型投入生产的，对负有责任的主管人员和其他直接责任人员给予降级或者撤职的行政处分。

机动车生产企业经国家机动车产品主管部门许可生产的机动车型，不执行机动车国家安全技术标准或者不严格进行机动车成品质量检验，致使质量不合格的机动车出厂销售的，由质量技术监督部门依照《中华人民共和国产品质量法》的有关规定给予处罚。

擅自生产、销售未经国家机动车产品主管部门许可生产的机动车型的，没收非法生产、销售的机动车成品及配件，可以并处非法产品价值三倍以上五倍以下罚款；有营业执照的，由工商行政管理部门吊销营业执照，没有营业执照的，予以查封。

生产、销售拼装的机动车或者生产、销售擅自改装的机动车的，依照本条第三款的规定处罚。

有本条第二款、第三款、第四款所列违法行为，生产或者销售不符合机动车国家安全技术标准的机动车，构成犯罪的，依法追究刑事责任。

第一百零四条 未经批准，擅自挖掘道路、占用道路施工或者从事其他影响道路交通安全活动的，由道路主管部门责令停止违法行为，并恢复原状，可以依法给予罚款；致使通行的人员、车辆及其他财产遭受损失的，依法承担赔偿责任。

有前款行为，影响道路交通安全活动的，公安机关交通管理部门可以责令停止违法行为，迅速恢复交通。

第一百零五条 道路施工作业或者道路出现损毁，未及时设置警示标志、未采取防护措施，或者应当设置交通信号灯、交通标志、交通标线而没有设置，或者应当及时变更交通信号灯、交通标志、交通标线而没有及时变更，致使通行的人员、车辆及其他财产遭受损失的，负有相关职责的单位应当依法承担赔偿责任。

第一百零六条 在道路两侧及隔离带上种植树木、其他植物或者设置广告牌、管线等，遮挡路灯、交通信号灯、交通标志，妨碍安全视距的，由公安机关交通管理部门责令行为人排除妨碍；拒不执行的，处二百元以上二千元以下罚款，并强制排除妨碍，所需费用由行为人负担。

第一百零七条 对道路交通违法行为人予以警告、二百元以下罚款，交通警察可以当场作出行政处罚决定，并出具行政处罚决定书。

行政处罚决定书应当载明当事人的违法事实、行政处罚的依据、处罚内容、时间、地点以及处罚机关名称，并由执法人员签名或者盖章。

第一百零八条 当事人应当自收到罚款的行政处罚决定书之日起十五日内，到指定的银行缴纳罚款。

对行人、乘车人和非机动车驾驶人的罚款，当事人无异议的，可以当场予以收缴罚款。

罚款应当开具省、自治区、直辖市财政部门统一制发的罚款收据；不出具财政部门统一制发的罚款收据的，当事人有权拒绝缴纳罚款。

第一百零九条 当事人逾期不履行行政处罚决定的，作出行政处罚决定的行政机关可以采取下列措施：

（一）到期不缴纳罚款的，每日按罚款数额的百分之三加处罚款；

（二）申请人民法院强制执行。

第一百一十条 执行职务的交通警察认为应当对道路交通违法行为人给予暂扣或者吊销机动车驾驶证处罚的，可以先予扣留机动车驾驶证，并在二十四小时内将案件移交公安机关交通管理部门处理。

道路交通违法行为人应当在十五日内到公安机关交通管理部门接受处理。无正当理由逾期未接受处理的，吊销机动车驾驶证。

公安机关交通管理部门暂扣或者吊销机动车驾驶证的，应当出具行政处罚决定书。

第一百一十一条 对违反本法规定予以拘留的行政处罚，由县、市公安局、公安分局或者相当于县一级的公安机关裁决。

第一百一十二条 公安机关交通管理部门扣留机动车、非机动车，应当当场出具凭证，并告知当事人在规定期限内到公安机关交通管理部门接受处理。

公安机关交通管理部门对被扣留的车辆应当妥善保管，不得使用。

逾期不来接受处理，并且经公告三个月仍不来接受处理的，对扣留的车辆依法处理。

第一百一十三条 暂扣机动车驾驶证的期限从处罚决定生效之日起计算；处罚决定生效前先予扣留机动车驾驶证的，扣留一日折抵暂扣期限一日。

吊销机动车驾驶证后重新申请领取机动车驾驶证的期限，按照机动车驾驶证管理规定办理。

第一百一十四条 公安机关交通管理部门根据交通技术监控记录资料，可以对违法的机动车所有人或者管理人依法予以处罚。对能够确定驾驶人的，可以依照本法的规定依法予以处罚。

第一百一十五条 交通警察有下列行为之一的，依法给予行政处分：

（一）为不符合法定条件的机动车发放机动车登记证书、号牌、行驶证、检验合格标志的；

（二）批准不符合法定条件的机动车安装、使用警车、消防车、救护车、工程救险车的警报器、标志灯具，喷涂标志图案的；

（三）为不符合驾驶许可条件、未经考试或者考试不合格人员发放机动车驾驶证的；

（四）不执行罚款决定与罚款收缴分离制度或者不按规定将依法收取的费用、收缴的罚款及没收的违法所得全部上缴国库的；

（五）举办或者参与举办驾驶学校或者驾驶培训班、机动车修理厂或者收费停车场等经营活动的；

（六）利用职务上的便利收受他人财物或者谋取其他利益的；

（七）违法扣留车辆、机动车行驶证、驾驶证、车辆号牌的；

（八）使用依法扣留的车辆的；

（九）当场收取罚款不开具罚款收据或者不如实填写罚款额的；

（十）徇私舞弊，不公正处理交通事故的；

（十一）故意刁难，拖延办理机动车牌证的；

（十二）非执行紧急任务时使用警报器、标志灯具的；

（十三）违反规定拦截、检查正常行驶的车辆的；

（十四）非执行紧急公务时拦截搭乘机动车的；

（十五）不履行法定职责的。

公安机关交通管理部门有前款所列行为之一的，对直接负责的主管人员和其他直接责任人员给予相应的行政处分。

第一百一十六条 依照本法第一百一十五条的规定，给予交通警察行政处分的，在作出行政处分决定前，可以停止其执行职务；必要时，可以予以禁闭。

依照本法第一百一十五条的规定，交通警察受到降级或者撤职行政处分的，可以予以辞退。

交通警察受到开除处分或者被辞退的，应当取消警衔；受到撤职以下行政处分的交通警察，应当降低警衔。

第一百一十七条 交通警察利用职权非法占有公共财物，索取、收受贿赂，或者滥用职权、玩忽职守，构成犯罪的，依法追究刑事责任。

第一百一十八条 公安机关交通管理部门及其交通警察有本法第一百一十五条所列行为之一，给当事人造成损失的，应当依法承担赔偿责任。

第八章 附则

第一百一十九条 本法中下列用语的含义：

（一）"道路"，是指公路、城市道路和虽在单位管辖范围但允许社会机动车通行的地方，包括广场、公共停车场等用于公众通行的场所。

（二）"车辆"，是指机动车和非机动车。

（三）"机动车"，是指以动力装置驱动或者牵引，上道路行驶的供人员乘用或者用于运送物品以及进行工程专项作业的轮式车辆。

（四）"非机动车"，是指以人力或者畜力驱动，上道路行驶的交通工具，以及虽有动力装置驱动但设计最高时速、空车质量、外形尺寸符合有关国家标准的残疾人机动轮椅车、电动自行车等交通工具。

（五）"交通事故"，是指车辆在道路上因过错或者意外造成的人身伤亡或者财产损失的事件。

第一百二十条　中国人民解放军和中国人民武装警察部队在编机动车牌证、在编机动车检验以及机动车驾驶人考核工作，由中国人民解放军、中国人民武装警察部队有关部门负责。

第一百二十一条　对上道路行驶的拖拉机，由农业（农业机械）主管部门行使本法第八条、第九条、第十三条、第十九条、第二十三条规定的公安机关交通管理部门的管理职权。

农业（农业机械）主管部门依照前款规定行使职权，应当遵守本法有关规定，并接受公安机关交通管理部门的监督；对违反规定的，依照本法有关规定追究法律责任。

本法施行前由农业（农业机械）主管部门发放的机动车牌证，在本法施行后继续有效。

第一百二十二条　国家对入境的境外机动车的道路交通安全实施统一管理。

第一百二十三条　省、自治区、直辖市人民代表大会常务委员会可以根据本地区的实际情况，在本法规定的罚款幅度内，规定具体的执行标准。

第一百二十四条　本法自2004年5月1日起施行。

三

《中华人民共和国道路交通安全法实施条例》

第一章　总则

第一条　根据《中华人民共和国道路交通安全法》（以下简称道路交通安全法）的规定，制定本条例。

第二条　中华人民共和国境内的车辆驾驶人、行人、乘车人以及与道路交通活动有关的单位和个人，应当遵守道路交通安全法和本条例。

第三条　县级以上地方各级人民政府应当建立、健全道路交通安全工作协调机制，组织有关部门对城市建设项目进行交通影响评价，制定道路交通安全管理规划，确定管理目标，制定实施方案。

第二章 车辆和驾驶人
第一节 机动车

第四条 机动车的登记，分为注册登记、变更登记、转移登记、抵押登记和注销登记。

第五条 初次申领机动车号牌、行驶证的，应当向机动车所有人住所地的公安机关交通管理部门申请注册登记。

申请机动车注册登记，应当交验机动车，并提交以下证明、凭证：

（一）机动车所有人的身份证明；

（二）购车发票等机动车来历证明；

（三）机动车整车出厂合格证明或者进口机动车进口凭证；

（四）车辆购置税完税证明或者免税凭证；

（五）机动车第三者责任强制保险凭证；

（六）法律、行政法规规定应当在机动车注册登记时提交的其他证明、凭证。

不属于国务院机动车产品主管部门规定免予安全技术检验的车型的，还应当提供机动车安全技术检验合格证明。

第六条 已注册登记的机动车有下列情形之一的，机动车所有人应当向登记该机动车的公安机关交通管理部门申请变更登记：

（一）改变机动车车身颜色的；

（二）更换发动机的；

（三）更换车身或者车架的；

（四）因质量有问题，制造厂更换整车的；

（五）营运机动车改为非营运机动车或者非营运机动车改为营运机动车的；

（六）机动车所有人的住所迁出或者迁入公安机关交通管理部门管辖区域的。

申请机动车变更登记，应当提交下列证明、凭证，属于前款第（一）项、第（二）项、第（三）项、第（四）项、第（五）项情形之一的，还应当交验机动车；属于前款第（二）项、第（三）项情形之一的，还应当同时提交机动车安全技术检验合格证明：

（一）机动车所有人的身份证明；

（二）机动车登记证书；

（三）机动车行驶证。

机动车所有人的住所在公安机关交通管理部门管辖区域内迁移、机动车所有人的姓名（单位名称）或者联系方式变更的，应当向登记该机动车的公安机关交通管理部门备案。

第七条 已注册登记的机动车所有权发生转移的，应当及时办理转移登记。

申请机动车转移登记,当事人应当向登记该机动车的公安机关交通管理部门交验机动车,并提交以下证明、凭证:

（一）当事人的身份证明;

（二）机动车所有权转移的证明、凭证;

（三）机动车登记证书;

（四）机动车行驶证。

第八条 机动车所有人将机动车作为抵押物抵押的,机动车所有人应当向登记该机动车的公安机关交通管理部门申请抵押登记。

第九条 已注册登记的机动车达到国家规定的强制报废标准的,公安机关交通管理部门应当在报废期满的2个月前通知机动车所有人办理注销登记。机动车所有人应当在报废期满前将机动车交售给机动车回收企业,由机动车回收企业将报废的机动车登记证书、号牌、行驶证交公安机关交通管理部门注销。机动车所有人逾期不办理注销登记的,公安机关交通管理部门应当公告该机动车登记证书、号牌、行驶证作废。

因机动车灭失申请注销登记的,机动车所有人应当向公安机关交通管理部门提交本人身份证明,交回机动车登记证书。

第十条 办理机动车登记的申请人提交的证明、凭证齐全、有效的,公安机关交通管理部门应当当场办理登记手续。

人民法院、人民检察院以及行政执法部门依法查封、扣押的机动车,公安机关交通管理部门不予办理机动车登记。

第十一条 机动车登记证书、号牌、行驶证丢失或者损毁,机动车所有人申请补发的,应当向公安机关交通管理部门提交本人身份证明和申请材料。公安机关交通管理部门经与机动车登记档案核实后,在收到申请之日起15日内补发。

第十二条 税务部门、保险机构可以在公安机关交通管理部门的办公场所集中办理与机动车有关的税费缴纳、保险合同订立等事项。

第十三条 机动车号牌应当悬挂在车前、车后指定位置,保持清晰、完整。重型、中型载货汽车及其挂车,拖拉机及其挂车的车身或者车厢后部应当喷涂放大的牌号,字样应当端正并保持清晰。

机动车检验合格标志、保险标志应当粘贴在机动车前窗右上角。

机动车喷涂、粘贴标识或者车身广告的,不得影响安全驾驶。

第十四条 用于公路营运的载客汽车、重型载货汽车、半挂牵引车应当安装、使用符合国家标准的行驶记录仪。交通警察可以对机动车行驶速度、连续驾驶时间以及其他行驶状态信息进行检查。安装行驶记录仪可以分步实施,实施步骤由国务院机动车产品主管部门会同有关部门规定。

第十五条 机动车安全技术检验由机动车安全技术检验机构实施。机动车安全技术检验机构应当按照国家机动车安全技术检验标准对机动车进行检验，对检验结果承担法律责任。

质量技术监督部门负责对机动车安全技术检验机构实行计量认证管理，对机动车安全技术检验设备进行检定，对执行国家机动车安全技术检验标准的情况进行监督。

机动车安全技术检验项目由国务院公安部门会同国务院质量技术监督部门规定。

第十六条 机动车应当从注册登记之日起，按照下列期限进行安全技术检验：

（一）营运载客汽车5年以内每年检验1次；超过5年的，每6个月检验1次；

（二）载货汽车和大型、中型非营运载客汽车10年以内每年检验1次；超过10年的，每6个月检验1次；

（三）小型、微型非营运载客汽车6年以内每2年检验1次；超过6年的，每年检验1次；超过15年的，每6个月检验1次；

（四）摩托车4年以内每2年检验1次；超过4年的，每年检验1次；

（五）拖拉机和其他机动车每年检验1次。

营运机动车在规定检验期限内经安全技术检验合格的，不再重复进行安全技术检验。

第十七条 已注册登记的机动车进行安全技术检验时，机动车行驶证记载的登记内容与该机动车的有关情况不符，或者未按照规定提供机动车第三者责任强制保险凭证的，不予通过检验。

第十八条 警车、消防车、救护车、工程救险车标志图案的喷涂以及警报器、标志灯具的安装、使用规定，由国务院公安部门制定。

第二节 机动车驾驶人

第十九条 符合国务院公安部门规定的驾驶许可条件的人，可以向公安机关交通管理部门申请机动车驾驶证。

机动车驾驶证由国务院公安部门规定式样并监制。

第二十条 学习机动车驾驶，应当先学习道路交通安全法律、法规和相关知识，考试合格后，再学习机动车驾驶技能。

在道路上学习驾驶，应当按照公安机关交通管理部门指定的路线、时间进行。在道路上学习机动车驾驶技能应当使用教练车，在教练员随车指导下进行，与教学无关的人员不得乘坐教练车。学员在学习驾驶中有道路交通安全违法行为或者造成交通事故的，由教练员承担责任。

第二十一条 公安机关交通管理部门应当对申请机动车驾驶证的人进行考试，对考试合格的，在5日内核发机动车驾驶证；对考试不合格的，书面说明理由。

第二十二条 机动车驾驶证的有效期为6年，本条例另有规定的除外。

机动车驾驶人初次申领机动车驾驶证后的12个月为实习期。在实习期内驾驶机动车的，应当在车身后部粘贴或者悬挂统一式样的实习标志。

机动车驾驶人在实习期内不得驾驶公共汽车、营运客车或者执行任务的警车、消防车、救护车、工程救险车以及载有爆炸物品、易燃易爆化学物品、剧毒或者放射性等危险物品的机动车；驾驶的机动车不得牵引挂车。

第二十三条 公安机关交通管理部门对机动车驾驶人的道路交通安全违法行为除给予行政处罚外，实行道路交通安全违法行为累积记分（以下简称记分）制度，记分周期为12个月。对在一个记分周期内记分达到12分的，由公安机关交通管理部门扣留其机动车驾驶证，该机动车驾驶人应当按照规定参加道路交通安全法律、法规的学习并接受考试。考试合格的，记分予以清除，发还机动车驾驶证；考试不合格的，继续参加学习和考试。

应当给予记分的道路交通安全违法行为及其分值，由国务院公安部门根据道路交通安全违法行为的危害程度规定。

公安机关交通管理部门应当提供记分查询方式供机动车驾驶人查询。

第二十四条 机动车驾驶人在一个记分周期内记分未达到12分，所处罚款已经缴纳的，记分予以清除；记分虽未达到12分，但尚有罚款未缴纳的，记分转入下一记分周期。

机动车驾驶人在一个记分周期内记分2次以上达到12分的，除按照第二十三条的规定扣留机动车驾驶证、参加学习、接受考试外，还应当接受驾驶技能考试。考试合格的，记分予以清除，发还机动车驾驶证；考试不合格的，继续参加学习和考试。

接受驾驶技能考试的，按照本人机动车驾驶证载明的最高准驾车型考试。

第二十五条 机动车驾驶人记分达到12分，拒不参加公安机关交通管理部门通知的学习，也不接受考试的，由公安机关交通管理部门公告其机动车驾驶证停止使用。

第二十六条 机动车驾驶人在机动车驾驶证的6年有效期内，每个记分周期均未达到12分的，换发10年有效期的机动车驾驶证；在机动车驾驶证的10年有效期内，每个记分周期均未达到12分的，换发长期有效的机动车驾驶证。

换发机动车驾驶证时，公安机关交通管理部门应当对机动车驾驶证进行审验。

第二十七条 机动车驾驶证丢失、损毁，机动车驾驶人申请补发的，应当向公安机关交通管理部门提交本人身份证明和申请材料。公安机关交通管理部门经与机动车驾驶证档案核实后,在收到申请之日起 3 日内补发。

第二十八条 机动车驾驶人在机动车驾驶证丢失、损毁、超过有效期或者被依法扣留、暂扣期间以及记分达到 12 分的,不得驾驶机动车。

第三章 道路通行条件

第二十九条 交通信号灯分为:机动车信号灯、非机动车信号灯、人行横道信号灯、车道信号灯、方向指示信号灯、闪光警告信号灯、道路与铁路平面交叉道口信号灯。

第三十条 交通标志分为:指示标志、警告标志、禁令标志、指路标志、旅游区标志、道路施工安全标志和辅助标志。

道路交通标线分为:指示标线、警告标线、禁止标线。

第三十一条 交通警察的指挥分为:手势信号和使用器具的交通指挥信号。

第三十二条 道路交叉路口和行人横过道路较为集中的路段应当设置人行横道、过街天桥或者过街地下通道。

在盲人通行较为集中的路段,人行横道信号灯应当设置声响提示装置。

第三十三条 城市人民政府有关部门可以在不影响行人、车辆通行的情况下,在城市道路上施划停车泊位,并规定停车泊位的使用时间。

第三十四条 开辟或者调整公共汽车、长途汽车的行驶路线或者车站,应当符合交通规划和安全、畅通的要求。

第三十五条 道路养护施工单位在道路上进行养护、维修时,应当按照规定设置规范的安全警示标志和安全防护设施。道路养护施工作业车辆、机械应当安装示警灯,喷涂明显的标志图案,作业时应当开启示警灯和危险报警闪光灯。对未中断交通的施工作业道路,公安机关交通管理部门应当加强交通安全监督检查。发生交通阻塞时,及时做好分流、疏导,维护交通秩序。

道路施工需要车辆绕行的,施工单位应当在绕行处设置标志;不能绕行的,应当修建临时通道,保证车辆和行人通行。需要封闭道路中断交通的,除紧急情况外,应当提前 5 日向社会公告。

第三十六条 道路或者交通设施养护部门、管理部门应当在急弯、陡坡、临崖、临水等危险路段,按照国家标准设置警告标志和安全防护设施。

第三十七条 道路交通标志、标线不规范,机动车驾驶人容易发生辨认错误的,交通标志、标线的主管部门应当及时予以改善。

道路照明设施应当符合道路建设技术规范,保持照明功能完好。

第四章 道路通行规定

第一节 一般规定

第三十八条 机动车信号灯和非机动车信号灯表示:

（一）绿灯亮时，准许车辆通行，但转弯的车辆不得妨碍被放行的直行车辆、行人通行；

（二）黄灯亮时，已越过停止线的车辆可以继续通行；

（三）红灯亮时，禁止车辆通行。

在未设置非机动车信号灯和人行横道信号灯的路口，非机动车和行人应当按照机动车信号灯的表示通行。

红灯亮时，右转弯的车辆在不妨碍被放行的车辆、行人通行的情况下，可以通行。

第三十九条 人行横道信号灯表示：

（一）绿灯亮时，准许行人通过人行横道；

（二）红灯亮时，禁止行人进入人行横道，但是已经进入人行横道的，可以继续通过或者在道路中心线处停留等候。

第四十条 车道信号灯表示：

（一）绿色箭头灯亮时，准许本车道车辆按指示方向通行；

（二）红色叉形灯或者箭头灯亮时，禁止本车道车辆通行。

第四十一条 方向指示信号灯的箭头方向向左、向上、向右分别表示左转、直行、右转。

第四十二条 闪光警告信号灯为持续闪烁的黄灯，提示车辆、行人通行时注意瞭望，确认安全后通过。

第四十三条 道路与铁路平面交叉道口有两个红灯交替闪烁或者一个红灯亮时，表示禁止车辆、行人通行；红灯熄灭时，表示允许车辆、行人通行。

第二节 机动车通行规定

第四十四条 在道路同方向划有2条以上机动车道的，左侧为快速车道，右侧为慢速车道。在快速车道行驶的机动车应当按照快速车道规定的速度行驶，未达到快速车道规定的行驶速度的，应当在慢速车道行驶。摩托车应当在最右侧车道行驶。有交通标志标明行驶速度的，按照标明的行驶速度行驶。慢速车道内的机动车超越前车时，可以借用快速车道行驶。

在道路同方向划有2条以上机动车道的，变更车道的机动车不得影响相关车道内行驶的机动车的正常行驶。

第四十五条 机动车在道路上行驶不得超过限速标志、标线标明的速度。在没有限速标志、标线的道路上，机动车不得超过下列最高行驶速度：

（一）没有道路中心线的道路，城市道路为每小时30公里，公路为每小时40公里；

（二）同方向只有1条机动车道的道路，城市道路为每小时50公里，公路为每小时 70 公里。

第四十六条 机动车行驶中遇有下列情形之一的，最高行驶速度不得超过每小时 30 公里，其中拖拉机、电瓶车、轮式专用机械车不得超过每小时 15 公里：

（一）进出非机动车道，通过铁路道口、急弯路、窄路、窄桥时；

（二）掉头、转弯、下陡坡时；

（三）遇雾、雨、雪、沙尘、冰雹，能见度在 50 米以内时；

（四）在冰雪、泥泞的道路上行驶时；

（五）牵引发生故障的机动车时。

第四十七条 机动车超车时，应当提前开启左转向灯，变换使用远、近光灯或者鸣喇叭。在没有道路中心线或者同方向只有 1 条机动车道的道路上，前车遇后车发出超车信号时，在条件许可的情况下，应当降低速度、靠右让路。后车应当在确认有充足的安全距离后，从前车的左侧超越，在与被超车辆拉开必要的安全距离后，开启右转向灯，驶回原车道。

第四十八条 在没有中心隔离设施或者没有中心线的道路上，机动车遇相对方向来车时应当遵守下列规定：

（一）减速靠右行驶，并与其他车辆、行人保持必要的安全距离；

（二）在有障碍的路段，无障碍的一方先行；但有障碍的一方已驶入障碍路段而无障碍的一方未驶入时，有障碍的一方先行；

（三）在狭窄的坡路，上坡的一方先行；但下坡的一方已行至中途而上坡的一方未上坡时，下坡的一方先行；

（四）在狭窄的山路，不靠山体的一方先行；

（五）夜间会车应当在距相对方向来车 150 米以外改用近光灯，在窄路、窄桥与非机动车会车时应当使用近光灯。

第四十九条 机动车在有禁止掉头或者禁止左转弯标志、标线的地点以及在铁路道口、人行横道、桥梁、急弯、陡坡、隧道或者容易发生危险的路段，不得掉头。

机动车在没有禁止掉头或者没有禁止左转弯标志、标线的地点可以掉头，但不得妨碍正常行驶的其他车辆和行人的通行。

第五十条 机动车倒车时，应当查明车后情况，确认安全后倒车。不得在铁路道口、交叉路口、单行路、桥梁、急弯、陡坡或者隧道中倒车。

第五十一条 机动车通过有交通信号灯控制的交叉路口，应当按照下列规定通行：

（一）在划有导向车道的路口，按所需行进方向驶入导向车道；

（二）准备进入环形路口的让已在路口内的机动车先行；

（三）向左转弯时，靠路口中心点左侧转弯。转弯时开启转向灯，夜间行驶开启近光灯；

（四）遇放行信号时，依次通过；

（五）遇停止信号时，依次停在停止线以外。没有停止线的，停在路口以外；

（六）向右转弯遇有同车道前车正在等候放行信号时，依次停车等候；

（七）在没有方向指示信号灯的交叉路口，转弯的机动车让直行的车辆、行人先行。相对方向行驶的右转弯机动车让左转弯车辆先行。

第五十二条 机动车通过没有交通信号灯控制也没有交通警察指挥的交叉路口，除应当遵守第五十一条第（二）项、第（三）项的规定外，还应当遵守下列规定：

（一）有交通标志、标线控制的，让优先通行的一方先行；

（二）没有交通标志、标线控制的，在进入路口前停车瞭望，让右方道路的来车先行；

（三）转弯的机动车让直行的车辆先行；

（四）相对方向行驶的右转弯的机动车让左转弯的车辆先行。

第五十三条 机动车遇有前方交叉路口交通阻塞时，应当依次停在路口以外等候，不得进入路口。

机动车在遇有前方机动车停车排队等候或者缓慢行驶时，应当依次排队，不得从前方车辆两侧穿插或者超越行驶，不得在人行横道、网状线区域内停车等候。

机动车在车道减少的路口、路段，遇有前方机动车停车排队等候或者缓慢行驶的，应当每车道一辆依次交替驶入车道减少后的路口、路段。

第五十四条 机动车载物不得超过机动车行驶证上核定的载质量，装载长度、宽度不得超出车厢，并应当遵守下列规定：

（一）重型、中型载货汽车，半挂车载物，高度从地面起不得超过4米，载运集装箱的车辆不得超过4.2米；

（二）其他载货的机动车载物，高度从地面起不得超过2.5米；

（三）摩托车载物，高度从地面起不得超过1.5米，长度不得超出车身0.2米。两轮摩托车载物宽度左右各不得超出车把0.15米；三轮摩托车载物宽度不得超过车身。

载客汽车除车身外部的行李架和内置的行李箱外，不得载货。载客汽车行李架载货，从车顶起高度不得超过0.5米，从地面起高度不得超过4米。

第五十五条 机动车载人应当遵守下列规定：

（一）公路载客汽车不得超过核定的载客人数，但按照规定免票的儿童除外，在载客人数已满的情况下，按照规定免票的儿童不得超过核定载客人数的10%；

（二）载货汽车车厢不得载客。在城市道路上，货运机动车在留有安全位置的情况下，车厢内可以附载临时作业人员1人至5人；载物高度超过车厢栏板时，货物上不得载人；

（三）摩托车后座不得乘坐未满12周岁的未成年人，轻便摩托车不得载人。

第五十六条 机动车牵引挂车应当符合下列规定：

（一）载货汽车、半挂牵引车、拖拉机只允许牵引1辆挂车。挂车的灯光信号、制动、连接、安全防护等装置应当符合国家标准；

（二）小型载客汽车只允许牵引旅居挂车或者总质量700千克以下的挂车。挂车不得载人；

（三）载货汽车所牵引挂车的载质量不得超过载货汽车本身的载质量。

大型、中型载客汽车，低速载货汽车，三轮汽车以及其他机动车不得牵引挂车。

第五十七条 机动车应当按照下列规定使用转向灯：

（一）向左转弯、向左变更车道、准备超车、驶离停车地点或者掉头时，应当提前开启左转向灯；

（二）向右转弯、向右变更车道、超车完毕驶回原车道、靠路边停车时，应当提前开启右转向灯。

第五十八条 机动车在夜间没有路灯、照明不良或者遇有雾、雨、雪、沙尘、冰雹等低能见度情况下行驶时，应当开启前照灯、示廓灯和后位灯，但同方向行驶的后车与前车近距离行驶时，不得使用远光灯。机动车雾天行驶应当开启雾灯和危险报警闪光灯。

第五十九条 机动车在夜间通过急弯、坡路、拱桥、人行横道或者没有交通信号灯控制的路口时，应当交替使用远近光灯示意。

机动车驶近急弯、坡道顶端等影响安全视距的路段以及超车或者遇有紧急情况时，应当减速慢行，并鸣喇叭示意。

第六十条 机动车在道路上发生故障或者发生交通事故，妨碍交通又难以移动的，应当按照规定开启危险报警闪光灯并在车后50米至100米处设置警告标志，夜间还应当同时开启示廓灯和后位灯。

第六十一条 牵引故障机动车应当遵守下列规定：

（一）被牵引的机动车除驾驶人外不得载人，不得拖带挂车；

（二）被牵引的机动车宽度不得大于牵引机动车的宽度；

（三）使用软连接牵引装置时，牵引车与被牵引车之间的距离应当大于4米小于10米；

（四）对制动失效的被牵引车，应当使用硬连接牵引装置牵引；

（五）牵引车和被牵引车均应当开启危险报警闪光灯。

汽车吊车和轮式专用机械车不得牵引车辆。摩托车不得牵引车辆或者被其他车辆牵引。

转向或者照明、信号装置失效的故障机动车，应当使用专用清障车拖曳。

第六十二条 驾驶机动车不得有下列行为：

（一）在车门、车厢没有关好时行车；

（二）在机动车驾驶室的前后窗范围内悬挂、放置妨碍驾驶人视线的物品；

（三）拨打接听手持电话、观看电视等妨碍安全驾驶的行为；

（四）下陡坡时熄火或者空挡滑行；

（五）向道路上抛撒物品；

（六）驾驶摩托车手离车把或者在车把上悬挂物品；

（七）连续驾驶机动车超过4小时未停车休息或者停车休息时间少于20分钟；

（八）在禁止鸣喇叭的区域或者路段鸣喇叭。

第六十三条 机动车在道路上临时停车，应当遵守下列规定：

（一）在设有禁停标志、标线的路段，在机动车道与非机动车道、人行道之间设有隔离设施的路段以及人行横道、施工地段，不得停车；

（二）交叉路口、铁路道口、急弯路、宽度不足4米的窄路、桥梁、陡坡、隧道以及距离上述地点50米以内的路段，不得停车；

（三）公共汽车站、急救站、加油站、消防栓或者消防队（站）门前以及距离上述地点30米以内的路段，除使用上述设施的以外，不得停车；

（四）车辆停稳前不得开车门和上下人员，开关车门不得妨碍其他车辆和行人通行；

（五）路边停车应当紧靠道路右侧，机动车驾驶人不得离车，上下人员或者装卸物品后，立即驶离；

（六）城市公共汽车不得在站点以外的路段停车上下乘客。

第六十四条 机动车行经漫水路或者漫水桥时，应当停车查明水情，确认安全后，低速通过。

第六十五条 机动车载运超限物品行经铁路道口的，应当按照当地铁路部门指定的铁路道口、时间通过。

机动车行经渡口，应当服从渡口管理人员指挥，按照指定地点依次待渡。机动车上下渡船时，应当低速慢行。

第六十六条 警车、消防车、救护车、工程救险车在执行紧急任务遇交通受阻时，可以断续使用警报器，并遵守下列规定：

（一）不得在禁止使用警报器的区域或者路段使用警报器；

（二）夜间在市区不得使用警报器；

（三）列队行驶时，前车已经使用警报器的，后车不再使用警报器。

第六十七条 在单位院内、居民居住区内，机动车应当低速行驶，避让行人；有限速标志的，按照限速标志行驶。

第三节 非机动车通行规定

第六十八条 非机动车通过有交通信号灯控制的交叉路口，应当按照下列规定通行：

（一）转弯的非机动车让直行的车辆、行人优先通行；

（二）遇有前方路口交通阻塞时，不得进入路口；

（三）向左转弯时，靠路口中心点的右侧转弯；

（四）遇有停止信号时，应当依次停在路口停止线以外。没有停止线的，停在路口以外；

（五）向右转弯遇有同方向前车正在等候放行信号时，在本车道内能够转弯的，可以通行；不能转弯的，依次等候。

第六十九条 非机动车通过没有交通信号灯控制也没有交通警察指挥的交叉路口，除应当遵守第六十八条第（一）项、第（二）项和第（三）项的规定外，还应当遵守下列规定：

（一）有交通标志、标线控制的，让优先通行的一方先行；

（二）没有交通标志、标线控制的，在路口外慢行或者停车瞭望，让右方道路的来车先行；

（三）相对方向行驶的右转弯的非机动车让左转弯的车辆先行。

第七十条 驾驶自行车、电动自行车、三轮车在路段上横过机动车道，应当下车推行，有人行横道或者行人过街设施的，应当从人行横道或者行人过街设施通过；没有人行横道、没有行人过街设施或者不便使用行人过街设施的，在确认安全后直行通过。

因非机动车道被占用无法在本车道内行驶的非机动车，可以在受阻的路段借用相邻的机动车道行驶，并在驶过被占用路段后迅速驶回非机动车道。机动车遇此情况应当减速让行。

第七十一条 非机动车载物，应当遵守下列规定：

（一）自行车、电动自行车、残疾人机动轮椅车载物，高度从地面起不得超过1.5米，宽度左右各不得超出车把0.15米，长度前端不得超出车轮，后端不得超出车身0.3米；

（二）三轮车、人力车载物，高度从地面起不得超过2米，宽度左右各不得超出车身0.2米，长度不得超出车身1米；

（三）畜力车载物，高度从地面起不得超过2.5米，宽度左右各不得超出车身0.2米，长度前端不得超出车辕，后端不得超出车身1米。

自行车载人的规定，由省、自治区、直辖市人民政府根据当地实际情况制定。

第七十二条 在道路上驾驶自行车、三轮车、电动自行车、残疾人机动轮椅车应当遵守下列规定：

（一）驾驶自行车、三轮车必须年满12周岁；

（二）驾驶电动自行车和残疾人机动轮椅车必须年满16周岁；

（三）不得醉酒驾驶；

（四）转弯前应当减速慢行，伸手示意，不得突然猛拐，超越前车时不得妨碍被超越的车辆行驶；

（五）不得牵引、攀扶车辆或者被其他车辆牵引，不得双手离把或者手中持物；

（六）不得扶身并行、互相追逐或者曲折竞驶；

（七）不得在道路上骑独轮自行车或者2人以上骑行的自行车；

（八）非下肢残疾的人不得驾驶残疾人机动轮椅车；

（九）自行车、三轮车不得加装动力装置；

（十）不得在道路上学习驾驶非机动车。

第七十三条 在道路上驾驭畜力车应当年满16周岁，并遵守下列规定：

（一）不得醉酒驾驭；

（二）不得并行，驾驭人不得离开车辆；

（三）行经繁华路段、交叉路口、铁路道口、人行横道、急弯路、宽度不足4米的窄路或者窄桥、陡坡、隧道或者容易发生危险的路段，不得超车。驾驭两轮畜力车应当下车牵引牲畜；

（四）不得使用未经驯服的牲畜驾车，随车幼畜须拴系；

（五）停放车辆应当拉紧车闸，拴系牲畜。

第四节 行人和乘车人通行规定

第七十四条 行人不得有下列行为：

（一）在道路上使用滑板、旱冰鞋等滑行工具；

（二）在车行道内坐卧、停留、嬉闹；

（三）追车、抛物击车等妨碍道路交通安全的行为。

第七十五条 行人横过机动车道，应当从行人过街设施通过；没有行人过街设施的，应当从人行横道通过；没有人行横道的，应当观察来往车辆的情况，确认安全后直行通过，不得在车辆临近时突然加速横穿或者中途倒退、折返。

第七十六条 行人列队在道路上通行，每横列不得超过2人，但在已经实行交通管制的路段不受限制。

第七十七条 乘坐机动车应当遵守下列规定：

（一）不得在机动车道上拦乘机动车；

（二）在机动车道上不得从机动车左侧上下车；

（三）开关车门不得妨碍其他车辆和行人通行；

（四）机动车行驶中，不得干扰驾驶，不得将身体任何部分伸出车外，不得跳车；

（五）乘坐两轮摩托车应当正向骑坐。

第五节　高速公路的特别规定

第七十八条 高速公路应当标明车道的行驶速度，最高车速不得超过每小时120公里，最低车速不得低于每小时60公里。

在高速公路上行驶的小型载客汽车最高车速不得超过每小时120公里，其他机动车不得超过每小时100公里，摩托车不得超过每小时80公里。

同方向有2条车道的，左侧车道的最低车速为每小时100公里；同方向有3条以上车道的，最左侧车道的最低车速为每小时110公里，中间车道的最低车速为每小时90公里。道路限速标志标明的车速与上述车道行驶车速的规定不一致的，按照道路限速标志标明的车速行驶。

第七十九条 机动车从匝道驶入高速公路，应当开启左转向灯，在不妨碍已在高速公路内的机动车正常行驶的情况下驶入车道。

机动车驶离高速公路时，应当开启右转向灯，驶入减速车道，降低车速后驶离。

第八十条 机动车在高速公路上行驶，车速超过每小时100公里时，应当与同车道前车保持100米以上的距离，车速低于每小时100公里时，与同车道前车距离可以适当缩短，但最小距离不得少于50米。

第八十一条 机动车在高速公路上行驶，遇有雾、雨、雪、沙尘、冰雹等低能见度气象条件时，应当遵守下列规定：

（一）能见度小于200米时，开启雾灯、近光灯、示廓灯和前后位灯，车速不得超过每小时60公里，与同车道前车保持100米以上的距离；

（二）能见度小于100米时，开启雾灯、近光灯、示廓灯、前后位灯和危险报警闪光灯，车速不得超过每小时40公里，与同车道前车保持50米以上的距离；

（三）能见度小于50米时，开启雾灯、近光灯、示廓灯、前后位灯和危险报警闪光灯，车速不得超过每小时20公里，并从最近的出口尽快驶离高速公路。

遇有前款规定情形时，高速公路管理部门应当通过显示屏等方式发布速度限制、保持车距等提示信息。

第八十二条　机动车在高速公路上行驶，不得有下列行为：

（一）倒车、逆行、穿越中央分隔带掉头或者在车道内停车；

（二）在匝道、加速车道或者减速车道上超车；

（三）骑、轧车行道分界线或者在路肩上行驶；

（四）非紧急情况时在应急车道行驶或者停车；

（五）试车或者学习驾驶机动车。

第八十三条　在高速公路上行驶的载货汽车车厢不得载人。两轮摩托车在高速公路行驶时不得载人。

第八十四条　机动车通过施工作业路段时，应当注意警示标志，减速行驶。

第八十五条　城市快速路的道路交通安全管理，参照本节的规定执行。

高速公路、城市快速路的道路交通安全管理工作，省、自治区、直辖市人民政府公安机关交通管理部门可以指定设区的市人民政府公安机关交通管理部门或者相当于同级的公安机关交通管理部门承担。

第五章　交通事故处理

第八十六条　机动车与机动车、机动车与非机动车在道路上发生未造成人身伤亡的交通事故，当事人对事实及成因无争议的，在记录交通事故的时间、地点、对方当事人的姓名和联系方式、机动车牌号、驾驶证号、保险凭证号、碰撞部位，并共同签名后，撤离现场，自行协商损害赔偿事宜。当事人对交通事故事实及成因有争议的，应当迅速报警。

第八十七条　非机动车与非机动车或者行人在道路上发生交通事故，未造成人身伤亡，且基本事实及成因清楚的，当事人应当先撤离现场，再自行协商处理损害赔偿事宜。当事人对交通事故事实及成因有争议的，应当迅速报警。

第八十八条　机动车发生交通事故，造成道路、供电、通信等设施损毁的，驾驶人应当报警等候处理，不得驶离。机动车可以移动的，应当将机动车移至不妨碍交通的地点。公安机关交通管理部门应当将事故有关情况通知有关部门。

第八十九条　公安机关交通管理部门或者交通警察接到交通事故报警，应当及时赶赴现场,对未造成人身伤亡,事实清楚,并且机动车可以移动的,应当在记录事故情况后责令当事人撤离现场,恢复交通。对拒不撤离现场的,予以强制撤离。

对属于前款规定情况的道路交通事故,交通警察可以适用简易程序处理,并当场出具事故认定书。当事人共同请求调解的,交通警察可以当场对损害赔偿争议进行调解。

对道路交通事故造成人员伤亡和财产损失需要勘验、检查现场的,公安机关交通管理部门应当按照勘查现场工作规范进行。现场勘查完毕,应当组织清理现场,恢复交通。

第九十条 投保机动车第三者责任强制保险的机动车发生交通事故,因抢救受伤人员需要保险公司支付抢救费用的,由公安机关交通管理部门通知保险公司。

抢救受伤人员需要道路交通事故救助基金垫付费用的,由公安机关交通管理部门通知道路交通事故社会救助基金管理机构。

第九十一条 公安机关交通管理部门应当根据交通事故当事人的行为对发生交通事故所起的作用以及过错的严重程度,确定当事人的责任。

第九十二条 发生交通事故后当事人逃逸的,逃逸的当事人承担全部责任。但是,有证据证明对方当事人也有过错的,可以减轻责任。

当事人故意破坏、伪造现场,毁灭证据的,承担全部责任。

第九十三条 公安机关交通管理部门对经过勘验、检查现场的交通事故应当在勘查现场之日起10日内制作交通事故认定书。对需要进行检验、鉴定的,应当在检验、鉴定结果确定之日起5日内制作交通事故认定书。

第九十四条 当事人对交通事故损害赔偿有争议,各方当事人一致请求公安机关交通管理部门调解的,应当在收到交通事故认定书之日起10日内提出书面调解申请。

对交通事故致死的,调解从办理丧葬事宜结束之日起开始;对交通事故致伤的,调解从治疗终结或者定残之日起开始;对交通事故造成财产损失的,调解从确定损失之日起开始。

第九十五条 公安机关交通管理部门调解交通事故损害赔偿争议的期限为10日。调解达成协议的,公安机关交通管理部门应当制作调解书送交各方当事人,调解书经各方当事人共同签字后生效;调解未达成协议的,公安机关交通管理部门应当制作调解终结书送交各方当事人。

交通事故损害赔偿项目和标准依照有关法律的规定执行。

第九十六条 对交通事故损害赔偿的争议,当事人向人民法院提起民事诉讼的,公安机关交通管理部门不再受理调解申请。

公安机关交通管理部门调解期间,当事人向人民法院提起民事诉讼的,调解终止。

第九十七条 车辆在道路以外发生交通事故,公安机关交通管理部门接到报案的,参照道路交通安全法和本条例的规定处理。

车辆、行人与火车发生的交通事故以及在渡口发生的交通事故,依照国家有关规定处理。

第六章 执法监督

第九十八条 公安机关交通管理部门应当公开办事制度、办事程序,建立警风警纪监督员制度,自觉接受社会和群众的监督。

第九十九条 公安机关交通管理部门及其交通警察办理机动车登记,发放号牌,对驾驶人考试、发证,处理道路交通安全违法行为,处理道路交通事故,应当严格遵守有关规定,不得越权执法,不得延迟履行职责,不得擅自改变处罚的种类和幅度。

第一百条 公安机关交通管理部门应当公布举报电话,受理群众举报投诉,并及时调查核实,反馈查处结果。

第一百零一条 公安机关交通管理部门应当建立执法质量考核评议、执法责任制和执法过错追究制度,防止和纠正道路交通安全执法中的错误或者不当行为。

第七章 法律责任

第一百零二条 违反本条例规定的行为,依照道路交通安全法和本条例的规定处罚。

第一百零三条 以欺骗、贿赂等不正当手段取得机动车登记或者驾驶许可的,收缴机动车登记证书、号牌、行驶证或者机动车驾驶证,撤销机动车登记或者机动车驾驶许可;申请人在3年内不得申请机动车登记或者机动车驾驶许可。

第一百零四条 机动车驾驶人有下列行为之一,又无其他机动车驾驶人即时替代驾驶的,公安机关交通管理部门除依法给予处罚外,可以将其驾驶的机动车移至不妨碍交通的地点或者有关部门指定的地点停放:

(一)不能出示本人有效驾驶证的;

(二)驾驶的机动车与驾驶证载明的准驾车型不符的;

(三)饮酒、服用国家管制的精神药品或者麻醉药品、患有妨碍安全驾驶的疾病,或者过度疲劳仍继续驾驶的;

(四)学习驾驶人员没有教练人员随车指导单独驾驶的。

第一百零五条 机动车驾驶人有饮酒、醉酒、服用国家管制的精神药品或者麻醉药品嫌疑的，应当接受测试、检验。

第一百零六条 公路客运载客汽车超过核定乘员、载货汽车超过核定载质量的，公安机关交通管理部门依法扣留机动车后，驾驶人应当将超载的乘车人转运、将超载的货物卸载，费用由超载机动车的驾驶人或者所有人承担。

第一百零七条 依照道路交通安全法第九十二条、第九十五条、第九十六条、第九十八条的规定被扣留的机动车，驾驶人或者所有人、管理人30日内没有提供被扣留机动车的合法证明，没有补办相应手续，或者不前来接受处理，经公安机关交通管理部门通知并且经公告3个月仍不前来接受处理的，由公安机关交通管理部门将该机动车送交有资格的拍卖机构拍卖，所得价款上缴国库；非法拼装的机动车予以拆除；达到报废标准的机动车予以报废；机动车涉及其他违法犯罪行为的，移交有关部门处理。

第一百零八条 交通警察按照简易程序当场作出行政处罚的，应当告知当事人道路交通安全违法行为的事实、处罚的理由和依据，并将行政处罚决定书当场交付被处罚人。

第一百零九条 对道路交通安全违法行为人处以罚款或者暂扣驾驶证处罚的，由违法行为发生地的县级以上人民政府公安机关交通管理部门或者相当于同级的公安机关交通管理部门作出决定；对处以吊销机动车驾驶证处罚的，由设区的市人民政府公安机关交通管理部门或者相当于同级的公安机关交通管理部门作出决定。

公安机关交通管理部门对非本辖区机动车的道路交通安全违法行为没有当场处罚的，可以由机动车登记地的公安机关交通管理部门处罚。

第一百一十条 当事人对公安机关交通管理部门及其交通警察的处罚有权进行陈述和申辩，交通警察应当充分听取当事人的陈述和申辩，不得因当事人陈述、申辩而加重其处罚。

第八章 附则

第一百一十一条 本条例所称上道路行驶的拖拉机，是指手扶拖拉机等最高设计行驶速度不超过每小时20公里的轮式拖拉机和最高设计行驶速度不超过每小时40公里、牵引挂车方可从事道路运输的轮式拖拉机。

第一百一十二条 农业（农业机械）主管部门应当定期向公安机关交通管理部门提供拖拉机登记、安全技术检验以及拖拉机驾驶证发放的资料、数据。公安机关交通管理部门对拖拉机驾驶人作出暂扣、吊销驾驶证处罚或者记分处理的，应当定期将处罚决定书和记分情况通报有关的农业（农业机械）主管部门。吊销驾驶证的，还应当将驾驶证送交有关的农业（农业机械）主管部门。

第一百一十三条　境外机动车入境行驶，应当向入境地的公安机关交通管理部门申请临时通行号牌、行驶证。临时通行号牌、行驶证应当根据行驶需要，载明有效日期和允许行驶的区域。

入境的境外机动车申请临时通行号牌、行驶证以及境外人员申请机动车驾驶许可的条件、考试办法由国务院公安部门规定。

第一百一十四条　机动车驾驶许可考试的收费标准，由国务院价格主管部门规定。

第一百一十五条　本条例自 2004 年 5 月 1 日起施行。1960 年 2 月 11 日国务院批准、交通运输部发布的《机动车管理办法》，1988 年 3 月 9 日国务院发布的《中华人民共和国道路交通管理条例》，1991 年 9 月 22 日国务院发布的《道路交通事故处理办法》，同时废止。

四
《中华人民共和国道路运输条例》

第一章　总则

第一条　为了维护道路运输市场秩序，保障道路运输安全，保护道路运输有关各方当事人的合法权益，促进道路运输业的健康发展，制定本条例。

第二条　从事道路运输经营以及道路运输相关业务的，应当遵守本条例。

前款所称道路运输经营包括道路旅客运输经营（以下简称客运经营）和道路货物运输经营（以下简称货运经营）；道路运输相关业务包括站（场）经营、机动车维修经营、机动车驾驶员培训。

第三条　从事道路运输经营以及道路运输相关业务，应当依法经营，诚实信用，公平竞争。

第四条　道路运输管理，应当公平、公正、公开和便民。

第五条　国家鼓励发展乡村道路运输，并采取必要的措施提高乡镇和行政村的通班车率，满足广大农民的生活和生产需要。

第六条　国家鼓励道路运输企业实行规模化、集约化经营。任何单位和个人不得封锁或者垄断道路运输市场。

第七条　国务院交通运输主管部门主管全国道路运输管理工作。

县级以上地方人民政府交通运输主管部门负责本行政区域的道路运输管理工作。

第二章 道路运输经营

第一节 客运

第八条 申请从事客运经营的，应当具备下列条件：

（一）有与其经营业务相适应并经检测合格的车辆；

（二）有符合本条例第九条规定条件的驾驶人员；

（三）有健全的安全生产管理制度。

申请从事班线客运经营的，还应当有明确的线路和站点方案。

第九条 从事客运经营的驾驶人员，应当符合下列条件：

（一）取得相应的机动车驾驶证；

（二）年龄不超过 60 周岁；

（三）3 年内无重大以上交通责任事故记录；

（四）经设区的市级人民政府交通运输主管部门对有关客运法律法规、机动车维修和旅客急救基本知识考试合格。

第十条 申请从事客运经营的，应当依法向市场监督管理部门办理有关登记手续后，按照下列规定提出申请并提交符合本条例第八条规定条件的相关材料：

（一）从事县级行政区域内和毗邻县行政区域间客运经营的，向所在地县级人民政府交通运输主管部门提出申请；

（二）从事省际、市际、县际（除毗邻县行政区域间外）客运经营的，向所在地设区的市级人民政府交通运输主管部门提出申请；

（三）在直辖市申请从事客运经营的，向所在地直辖市人民政府确定的交通运输主管部门提出申请。

依照前款规定收到申请的交通运输主管部门，应当自受理申请之日起 20 日内审查完毕，作出许可或者不予许可的决定。予以许可的，向申请人颁发道路运输经营许可证，并向申请人投入运输的车辆配发车辆营运证；不予许可的，应当书面通知申请人并说明理由。

对从事省际和市际客运经营的申请，收到申请的交通运输主管部门依照本条第二款规定颁发道路运输经营许可证前，应当与运输线路目的地的相应交通运输主管部门协商，协商不成的，应当按程序报省、自治区、直辖市人民政府交通运输主管部门协商决定。对从事设区的市内毗邻县客运经营的申请，有关交通运输主管部门应当进行协商，协商不成的，报所在地市级人民政府交通运输主管部门决定。

第十一条 取得道路运输经营许可证的客运经营者，需要增加客运班线的，应当依照本条例第十条的规定办理有关手续。

第十二条　县级以上地方人民政府交通运输主管部门在审查客运申请时，应当考虑客运市场的供求状况、普遍服务和方便群众等因素。

同一线路有 3 个以上申请人时，可以通过招标的形式作出许可决定。

第十三条　县级以上地方人民政府交通运输主管部门应当定期公布客运市场供求状况。

第十四条　客运班线的经营期限为 4 年到 8 年。经营期限届满需要延续客运班线经营许可的，应当重新提出申请。

第十五条　客运经营者需要终止客运经营的，应当在终止前 30 日内告知原许可机关。

第十六条　客运经营者应当为旅客提供良好的乘车环境，保持车辆清洁、卫生，并采取必要的措施防止在运输过程中发生侵害旅客人身、财产安全的违法行为。

第十七条　旅客应当持有效客票乘车，遵守乘车秩序，讲究文明卫生，不得携带国家规定的危险物品及其他禁止携带的物品乘车。

第十八条　班线客运经营者取得道路运输经营许可证后，应当向公众连续提供运输服务，不得擅自暂停、终止或者转让班线运输。

第十九条　从事包车客运的，应当按照约定的起始地、目的地和线路运输。

从事旅游客运的，应当在旅游区域按照旅游线路运输。

第二十条　客运经营者不得强迫旅客乘车，不得甩客、敲诈旅客；不得擅自更换运输车辆。

第二节　货运

第二十一条　申请从事货运经营的，应当具备下列条件：

（一）有与其经营业务相适应并经检测合格的车辆；

（二）有符合本条例第二十二条规定条件的驾驶人员；

（三）有健全的安全生产管理制度。

第二十二条　从事货运经营的驾驶人员，应当符合下列条件：

（一）取得相应的机动车驾驶证；

（二）年龄不超过 60 周岁；

（三）经设区的市级人民政府交通运输主管部门对有关货运法律法规、机动车维修和货物装载保管基本知识考试合格（使用总质量 4500 千克及以下普通货运车辆的驾驶人员除外）。

第二十三条　申请从事危险货物运输经营的，还应当具备下列条件：

（一）有 5 辆以上经检测合格的危险货物运输专用车辆、设备；

（二）有经所在地设区的市级人民政府交通运输主管部门考试合格，取得上岗资格证的驾驶人员、装卸管理人员、押运人员；

（三）危险货物运输专用车辆配有必要的通信工具；

（四）有健全的安全生产管理制度。

第二十四条 申请从事货运经营的，应当依法向市场监督管理部门办理有关登记手续后，按照下列规定提出申请并分别提交符合本条例第二十一条、第二十三条规定条件的相关材料：

（一）从事危险货物运输经营以外的货运经营的，向县级人民政府交通运输主管部门提出申请；

（二）从事危险货物运输经营的，向设区的市级人民政府交通运输主管部门提出申请。

依照前款规定收到申请的交通运输主管部门，应当自受理申请之日起20日内审查完毕，作出许可或者不予许可的决定。予以许可的，向申请人颁发道路运输经营许可证，并向申请人投入运输的车辆配发车辆营运证；不予许可的，应当书面通知申请人并说明理由。

使用总质量4500千克及以下普通货运车辆从事普通货运经营的，无需按照本条规定申请取得道路运输经营许可证及车辆营运证。

第二十五条 货运经营者不得运输法律、行政法规禁止运输的货物。

法律、行政法规规定必须办理有关手续后方可运输的货物，货运经营者应当查验有关手续。

第二十六条 国家鼓励货运经营者实行封闭式运输，保证环境卫生和货物运输安全。

货运经营者应当采取必要措施，防止货物脱落、扬撒等。

运输危险货物应当采取必要措施，防止危险货物燃烧、爆炸、辐射、泄漏等。

第二十七条 运输危险货物应当配备必要的押运人员，保证危险货物处于押运人员的监管之下，并悬挂明显的危险货物运输标志。

托运危险货物的，应当向货运经营者说明危险货物的品名、性质、应急处置方法等情况，并严格按照国家有关规定包装，设置明显标志。

第三节 客运和货运的共同规定

第二十八条 客运经营者、货运经营者应当加强对从业人员的安全教育、职业道德教育，确保道路运输安全。

道路运输从业人员应当遵守道路运输操作规程，不得违章作业。驾驶人员连续驾驶时间不得超过4个小时。

第二十九条 生产（改装）客运车辆、货运车辆的企业应当按照国家规定标定车辆的核定人数或者载重量,严禁多标或者少标车辆的核定人数或者载重量。

客运经营者、货运经营者应当使用符合国家规定标准的车辆从事道路运输经营。

第三十条 客运经营者、货运经营者应当加强对车辆的维护和检测,确保车辆符合国家规定的技术标准;不得使用报废的、擅自改装的和其他不符合国家规定的车辆从事道路运输经营。

第三十一条 客运经营者、货运经营者应当制定有关交通事故、自然灾害以及其他突发事件的道路运输应急预案。应急预案应当包括报告程序、应急指挥、应急车辆和设备的储备以及处置措施等内容。

第三十二条 发生交通事故、自然灾害以及其他突发事件,客运经营者和货运经营者应当服从县级以上人民政府或者有关部门的统一调度、指挥。

第三十三条 道路运输车辆应当随车携带车辆营运证,不得转让、出租。

第三十四条 道路运输车辆运输旅客的,不得超过核定的人数,不得违反规定载货;运输货物的,不得运输旅客,运输的货物应当符合核定的载重量,严禁超载;载物的长、宽、高不得违反装载要求。

违反前款规定的,由公安机关交通管理部门依照《中华人民共和国道路交通安全法》的有关规定进行处罚。

第三十五条 客运经营者、危险货物运输经营者应当分别为旅客或者危险货物投保承运人责任险。

第三章 道路运输相关业务

第三十六条 从事道路运输站(场)经营的,应当具备下列条件:

(一)有经验收合格的运输站(场);

(二)有相应的专业人员和管理人员;

(三)有相应的设备、设施;

(四)有健全的业务操作规程和安全管理制度。

第三十七条 从事机动车维修经营的,应当具备下列条件:

(一)有相应的机动车维修场地;

(二)有必要的设备、设施和技术人员;

(三)有健全的机动车维修管理制度;

(四)有必要的环境保护措施。

国务院交通运输主管部门根据前款规定的条件,制定机动车维修经营业务标准。

第三十八条 从事机动车驾驶员培训的,应当具备下列条件:

(一)取得企业法人资格;

（二）有健全的培训机构和管理制度；

（三）有与培训业务相适应的教学人员、管理人员；

（四）有必要的教学车辆和其他教学设施、设备、场地。

第三十九条 申请从事道路旅客运输站（场）经营业务的，应当在依法向市场监督管理部门办理有关登记手续后，向所在地县级人民政府交通运输主管部门提出申请，并附送符合本条例第三十六条规定条件的相关材料。县级人民政府交通运输主管部门应当自受理申请之日起15日内审查完毕，作出许可或者不予许可的决定，并书面通知申请人。

从事道路货物运输站（场）经营、机动车维修经营和机动车驾驶员培训业务的，应当在依法向市场监督管理部门办理有关登记手续后，向所在地县级人民政府交通运输主管部门进行备案，并分别附送符合本条例第三十六条、第三十七条、第三十八条规定条件的相关材料。

第四十条 道路运输站（场）经营者应当对出站的车辆进行安全检查，禁止无证经营的车辆进站从事经营活动，防止超载车辆或者未经安全检查的车辆出站。

道路运输站（场）经营者应当公平对待使用站（场）的客运经营者和货运经营者，无正当理由不得拒绝道路运输车辆进站从事经营活动。

道路运输站（场）经营者应当向旅客和货主提供安全、便捷、优质的服务；保持站（场）卫生、清洁；不得随意改变站（场）用途和服务功能。

第四十一条 道路旅客运输站（场）经营者应当为客运经营者合理安排班次，公布其运输线路、起止经停站点、运输班次、始发时间、票价，调度车辆进站、发车，疏导旅客，维持上下车秩序。

道路旅客运输站（场）经营者应当设置旅客购票、候车、行李寄存和托运等服务设施，按照车辆核定载客限额售票，并采取措施防止携带危险品的人员进站乘车。

第四十二条 道路货物运输站（场）经营者应当按照国务院交通运输主管部门规定的业务操作规程装卸、储存、保管货物。

第四十三条 机动车维修经营者应当按照国家有关技术规范对机动车进行维修，保证维修质量，不得使用假冒伪劣配件维修机动车。

机动车维修经营者应当公布机动车维修工时定额和收费标准，合理收取费用，维修服务完成后应当提供维修费用明细单。

第四十四条 机动车维修经营者对机动车进行二级维护、总成修理或者整车修理的，应当进行维修质量检验。检验合格的，维修质量检验人员应当签发机动车维修合格证。

机动车维修实行质量保证期制度。质量保证期内因维修质量原因造成机动车无法正常使用的，机动车维修经营者应当无偿返修。

机动车维修质量保证期制度的具体办法，由国务院交通运输主管部门制定。

第四十五条 机动车维修经营者不得承修已报废的机动车，不得擅自改装机动车。

第四十六条 机动车驾驶员培训机构应当按照国务院交通运输主管部门规定的教学大纲进行培训，确保培训质量。培训结业的，应当向参加培训的人员颁发培训结业证书。

第四章 国际道路运输

第四十七条 国务院交通运输主管部门应当及时向社会公布中国政府与有关国家政府签署的双边或者多边道路运输协定确定的国际道路运输线路。

第四十八条 从事国际道路运输经营的，应当具备下列条件：

（一）依照本条例第十条、第二十四条规定取得道路运输经营许可证的企业法人；

（二）在国内从事道路运输经营满3年，且未发生重大以上道路交通责任事故。

第四十九条 申请从事国际道路旅客运输经营的，应当向省、自治区、直辖市人民政府交通运输主管部门提出申请并提交符合本条例第四十八条规定条件的相关材料。省、自治区、直辖市人民政府交通运输主管部门应当自受理申请之日起20日内审查完毕，作出批准或者不予批准的决定。予以批准的，应当向国务院交通运输主管部门备案；不予批准的，应当向当事人说明理由。

从事国际道路货物运输经营的，应当向省、自治区、直辖市人民政府交通运输主管部门进行备案，并附送符合本条例第四十八条规定条件的相关材料。

国际道路运输经营者应当持有关文件依法向有关部门办理相关手续。

第五十条 中国国际道路运输经营者应当在其投入运输车辆的显著位置，标明中国国籍识别标志。

外国国际道路运输经营者的车辆在中国境内运输，应当标明本国国籍识别标志，并按照规定的运输线路行驶；不得擅自改变运输线路，不得从事起止地都在中国境内的道路运输经营。

第五十一条 在口岸设立的国际道路运输管理机构应当加强对出入口岸的国际道路运输的监督管理。

第五十二条 外国国际道路运输经营者依法在中国境内设立的常驻代表机构不得从事经营活动。

第五章 执法监督

第五十三条 县级以上地方人民政府交通运输、公安、市场监督管理等部门应当建立信息共享和协同监管机制，按照职责分工加强对道路运输及相关业务的监督管理。

第五十四条 县级以上人民政府交通运输主管部门应当加强执法队伍建设，提高其工作人员的法制、业务素质。

县级以上人民政府交通运输主管部门的工作人员应当接受法制和道路运输管理业务培训、考核，考核不合格的，不得上岗执行职务。

第五十五条 上级交通运输主管部门应当对下级交通运输主管部门的执法活动进行监督。

县级以上人民政府交通运输主管部门应当建立健全内部监督制度，对其工作人员执法情况进行监督检查。

第五十六条 县级以上人民政府交通运输主管部门及其工作人员执行职务时，应当自觉接受社会和公民的监督。

第五十七条 县级以上人民政府交通运输主管部门应当建立道路运输举报制度，公开举报电话号码、通信地址或者电子邮件信箱。

任何单位和个人都有权对县级以上人民政府交通运输主管部门的工作人员滥用职权、徇私舞弊的行为进行举报。县级以上人民政府交通运输主管部门及其他有关部门收到举报后，应当依法及时查处。

第五十八条 县级以上人民政府交通运输主管部门的工作人员应当严格按照职责权限和程序进行监督检查，不得乱设卡、乱收费、乱罚款。

县级以上人民政府交通运输主管部门的工作人员应当重点在道路运输及相关业务经营场所、客货集散地进行监督检查。

县级以上人民政府交通运输主管部门的工作人员在公路路口进行监督检查时，不得随意拦截正常行驶的道路运输车辆。

第五十九条 县级以上人民政府交通运输主管部门的工作人员实施监督检查时，应当有2名以上人员参加，并向当事人出示执法证件。

第六十条 县级以上人民政府交通运输主管部门的工作人员实施监督检查时，可以向有关单位和个人了解情况，查阅、复制有关资料。但是，应当保守被调查单位和个人的商业秘密。

被监督检查的单位和个人应当接受依法实施的监督检查，如实提供有关资料或者情况。

第六十一条 县级以上人民政府交通运输主管部门的工作人员在实施道路运输监督检查过程中，发现车辆超载行为的，应当立即予以制止，并采取相应措施安排旅客改乘或者强制卸货。

第六十二条 县级以上人民政府交通运输主管部门的工作人员在实施道路运输监督检查过程中，对没有车辆营运证又无法当场提供其他有效证明的车辆予以暂扣的，应当妥善保管，不得使用，不得收取或者变相收取保管费用。

第六章 法律责任

第六十三条 违反本条例的规定，未取得道路运输经营许可，擅自从事道路运输经营的，由县级以上地方人民政府交通运输主管部门责令停止经营；有违法所得的，没收违法所得，处违法所得2倍以上10倍以下的罚款；没有违法所得或者违法所得不足2万元的，处3万元以上10万元以下的罚款；构成犯罪的，依法追究刑事责任。

第六十四条 不符合本条例第九条、第二十二条规定条件的人员驾驶道路运输经营车辆的，由县级以上地方人民政府交通运输主管部门责令改正，处200元以上2000元以下的罚款；构成犯罪的，依法追究刑事责任。

第六十五条 违反本条例的规定，未经许可擅自从事道路旅客运输站（场）经营的，由县级以上地方人民政府交通运输主管部门责令停止经营；有违法所得的，没收违法所得，处违法所得2倍以上10倍以下的罚款；没有违法所得或者违法所得不足1万元的，处2万元以上5万元以下的罚款；构成犯罪的，依法追究刑事责任。

从事机动车维修经营业务不符合国务院交通运输主管部门制定的机动车维修经营业务标准的，由县级以上地方人民政府交通运输主管部门责令改正；情节严重的，由县级以上地方人民政府交通运输主管部门责令停业整顿。

从事道路货物运输站（场）经营、机动车维修经营和机动车驾驶员培训业务，未按规定进行备案的，由县级以上地方人民政府交通运输主管部门责令改正；拒不改正的，处5000元以上2万元以下的罚款。备案时提供虚假材料情节严重的，其直接负责的主管人员和其他直接责任人员5年内不得从事原备案的业务。

第六十六条 违反本条例的规定，客运经营者、货运经营者、道路运输相关业务经营者非法转让、出租道路运输许可证件的，由县级以上地方人民政府交通运输主管部门责令停止违法行为，收缴有关证件，处2000元以上1万元以下的罚款；有违法所得的，没收违法所得。

第六十七条 违反本条例的规定，客运经营者、危险货物运输经营者未按规定投保承运人责任险的，由县级以上地方人民政府交通运输主管部门责令限期投保；拒不投保的，由原许可机关吊销道路运输经营许可证。

第六十八条 违反本条例的规定，客运经营者、货运经营者不按照规定携带车辆营运证的，由县级以上地方人民政府交通运输主管部门责令改正，处警告或者20元以上200元以下的罚款。

第六十九条 违反本条例的规定，客运经营者、货运经营者有下列情形之一的，由县级以上地方人民政府交通运输主管部门责令改正，处1000元以上3000元以下的罚款；情节严重的，由原许可机关吊销道路运输经营许可证：

（一）不按批准的客运站点停靠或者不按规定的线路、公布的班次行驶的；

（二）强行招揽旅客、货物的；

（三）在旅客运输途中擅自变更运输车辆或者将旅客移交他人运输的；

（四）未报告原许可机关，擅自终止客运经营的；

（五）没有采取必要措施防止货物脱落、扬撒等的。

第七十条 违反本条例的规定，客运经营者、货运经营者不按规定维护和检测运输车辆的，由县级以上地方人民政府交通运输主管部门责令改正，处1000元以上5000元以下的罚款。

违反本条例的规定，客运经营者、货运经营者擅自改装已取得车辆营运证的车辆的，由县级以上地方人民政府交通运输主管部门责令改正，处5000元以上2万元以下的罚款。

第七十一条 违反本条例的规定，道路运输站（场）经营者允许无证经营的车辆进站从事经营活动以及超载车辆、未经安全检查的车辆出站或者无正当理由拒绝道路运输车辆进站从事经营活动的，由县级以上地方人民政府交通运输主管部门责令改正，处1万元以上3万元以下的罚款。

违反本条例的规定，道路运输站（场）经营者擅自改变道路运输站（场）的用途和服务功能，或者不公布运输线路、起止经停站点、运输班次、始发时间、票价的，由县级以上地方人民政府交通运输主管部门责令改正；拒不改正的，处3000元的罚款；有违法所得的，没收违法所得。

第七十二条 违反本条例的规定，机动车维修经营者使用假冒伪劣配件维修机动车，承修已报废的机动车或者擅自改装机动车的，由县级以上地方人民政府交通运输主管部门责令改正；有违法所得的，没收违法所得，处违法所得2倍以上10倍以下的罚款；没有违法所得或者违法所得不足1万元的，处2万元以上5万元以下的罚款，没收假冒伪劣配件及报废车辆；情节严重的，由县级以上地方人民政府交通运输主管部门责令停业整顿；构成犯罪的，依法追究刑事责任。

第七十三条 违反本条例的规定，机动车维修经营者签发虚假的机动车维修合格证，由县级以上地方人民政府交通运输主管部门责令改正；有违法所得的，没收违法所得，处违法所得2倍以上10倍以下的罚款；没有违法所得或者违法所得不足3000元的，处5000元以上2万元以下的罚款；情节严重的，由县级以上地方人民政府交通运输主管部门责令停业整顿；构成犯罪的，依法追究刑事责任。

第七十四条 违反本条例的规定，机动车驾驶员培训机构不严格按照规定进行培训或者在培训结业证书发放时弄虚作假的，由县级以上地方人民政府交通运输主管部门责令改正；拒不改正的，责令停业整顿。

第七十五条 违反本条例的规定，外国国际道路运输经营者未按照规定的线路运输，擅自从事中国境内道路运输或者未标明国籍识别标志的，由省、自治区、直辖市人民政府交通运输主管部门责令停止运输；有违法所得的，没收违法所得，处违法所得2倍以上10倍以下的罚款；没有违法所得或者违法所得不足1万元的，处3万元以上6万元以下的罚款。

从事国际道路货物运输经营，未按规定进行备案的，由省、自治区、直辖市人民政府交通运输主管部门责令改正；拒不改正的，处5000元以上2万元以下的罚款。

第七十六条 县级以上人民政府交通运输主管部门应当将道路运输及其相关业务经营者和从业人员的违法行为记入信用记录，并依照有关法律、行政法规的规定予以公示。

第七十七条 违反本条例的规定，县级以上人民政府交通运输主管部门的工作人员有下列情形之一的，依法给予行政处分；构成犯罪的，依法追究刑事责任：

（一）不依照本条例规定的条件、程序和期限实施行政许可的；
（二）参与或者变相参与道路运输经营以及道路运输相关业务的；
（三）发现违法行为不及时查处的；
（四）违反规定拦截、检查正常行驶的道路运输车辆的；
（五）违法扣留运输车辆、车辆营运证的；
（六）索取、收受他人财物，或者谋取其他利益的；
（七）其他违法行为。

第七章 附则

第七十八条 内地与香港特别行政区、澳门特别行政区之间的道路运输，参照本条例的有关规定执行。

第七十九条 外商可以依照有关法律、行政法规和国家有关规定，在中华人民共和国境内采用中外合资、中外合作、独资形式投资有关的道路运输经营以及道路运输相关业务。

第八十条 从事非经营性危险货物运输的,应当遵守本条例有关规定。

第八十一条 县级以上地方人民政府交通运输主管部门依照本条例发放经营许可证件和车辆营运证,可以收取工本费。工本费的具体收费标准由省、自治区、直辖市人民政府财政部门、价格主管部门会同同级交通运输主管部门核定。

第八十二条 出租车客运和城市公共汽车客运的管理办法由国务院另行规定。

第八十三条 本条例自2004年7月1日起施行。

五
《生产安全事故罚款处罚规定》(试行)

第一条 为防止和减少生产安全事故,严格追究生产安全事故发生单位及其有关责任人员的法律责任,正确使用事故罚款的行政处罚,依照《安全生产法》、《生产安全事故报告和调查处理条例》(以下简称《条例》)的规定,制定本规定。

第二条 安全生产监督管理部门和煤矿安全监察机构对生产安全事故发生单位(以下简称事故发生单位)及其主要负责人、直接负责的主管人员和其他责任人员等有关责任人员依照《安全生产法》和《条例》实施罚款的行政处罚,适用本规定。

第三条 本规定所称事故发生单位是指对事故发生负有责任的生产经营单位。

本规定所称主要负责人是指有限责任公司、股份有限公司的董事长或者总经理或者个人经营的投资人,其他生产经营单位的厂长、经理、局长、矿长(含实际控制人)等人员。

第四条 本规定所称事故发生单位主要负责人、直接负责的主管人员和其他直接责任人员的上一年年收入,属于国有生产经营单位的,是指该单位上级主管部门所确定的上一年年收入总额;属于非国有生产经营单位的,是指经财务、税务部门核定的上一年年收入总额。

生产经营单位提供虚假资料或者由于财务、税务部门无法核定等原因致使有关人员的上一年年收入难以确定的,按照下列办法确定:

(一)主要负责人的上一年年收入,按照本省、自治区、直辖市上一年度职工平均工资的 5 倍以上 10 倍以下计算；

（二）直接负责的主管人员和其他直接责任人员的上一年年收入，按照本省、自治区、直辖市上一年度职工平均工资的 1 倍以上 5 倍以下计算。

第五条　《条例》所称的迟报、漏报、谎报和瞒报，依照下列情形认定：

（一）报告事故的时间超过规定时限的，属于迟报；

（二）因过失对应当上报的事故或者事故发生的时间、地点、类别、伤亡人数、直接经济损失等内容遗漏未报的，属于漏报；

（三）故意不如实报告事故发生的时间、地点、初步原因、性质、伤亡人数和涉险人数、直接经济损失等有关内容的，属于谎报；

（四）隐瞒已经发生的事故，超过规定时限未向安全监管监察部门和有关部门报告，经查证属实的，属于瞒报。

第六条　对事故发生单位及其有关责任人员处以罚款的行政处罚，依照下列规定决定：

（一）对发生特别重大事故的单位及其有关责任人员罚款的行政处罚，由国家安全生产监督管理总局决定；

（二）对发生重大事故的单位及其有关责任人员罚款的行政处罚，由省级人民政府安全生产监督管理部门决定；

（三）对发生较大事故的单位及其有关责任人员罚款的行政处罚，由设区的市级人民政府安全生产监督管理部门决定；

（四）对发生一般事故的单位及其有关责任人员罚款的行政处罚，由县级人民政府安全生产监督管理部门决定。

上级安全生产监督管理部门可以指定下一级安全生产监督管理部门对事故发生单位及其有关责任人员实施行政处罚。

第七条　对煤矿事故发生单位及其有关责任人员处以罚款的行政处罚，依照下列规定执行：

（一）对发生特别重大事故的煤矿及其有关责任人员罚款的行政处罚，由国家煤矿安全监察局决定；

（二）对发生重大事故和较大事故的煤矿及其有关责任人员罚款的行政处罚，由省级煤矿安全监察机构决定；

（三）对发生一般事故的煤矿及其有关责任人员罚款的行政处罚，由省级煤矿安全监察机构所属分局决定。

上级煤矿安全监察机构可以指定下一级煤矿安全监察机构对事故发生单位及其有关责任人员实施行政处罚。

第八条　特别重大事故以下等级事故，事故发生地与事故发生单位所在地不在同一个县级以上行政区域的,由事故发生地的安全生产监督管理部门或者煤矿安全监察机构依照本规定第六条或者第七条规定的权限实施行政处罚。

第九条 安全生产监督管理部门和煤矿安全监察机构对事故发生单位及其有关责任人员实施罚款的行政处罚,依照《安全生产违法行为行政处罚办法》规定的程序执行。

第十条 事故发生单位及其有关责任人员对安全生产监督管理部门和煤矿安全监察机构给予的行政处罚,享有陈述、申辩的权利;对行政处罚不服的,有权依法申请行政复议或者提起行政诉讼。

第十一条 事故发生单位主要负责人有《安全生产法》第一百零六条、《条例》第三十五条规定的下列行为之一的,依照下列规定处以罚款:

(一)事故发生单位主要负责人在事故发生后不立即组织事故抢救的,处上一年年收入100%的罚款;

(二)事故发生单位主要负责人迟报事故的,处上一年年收入60%至80%的罚款;漏报事故的,处上一年年收入40%至60%的罚款;

(三)事故发生单位主要负责人在事故调查处理期间擅离职守的,处上一年年收入80%至100%的罚款。

第十二条 事故发生单位有《条例》第三十六条规定行为之一的,依照《国家安全监管总局关于印发〈安全生产行政处罚自由裁量标准〉的通知》(安监总政法〔2010〕137号)等规定给予罚款。

第十三条 事故发生单位的主要负责人、直接负责的主管人员和其他直接责任人员有《安全生产法》第一百零六条、《条例》第三十六条规定的下列行为之一的,依照下列规定处以罚款:

(一)伪造、故意破坏事故现场,或者转移、隐匿资金、财产,销毁有关证据、资料,或者拒绝接受调查,或者拒绝提供有关情况和资料,或者在事故调查中作伪证,或者指使他人作伪证的,处上一年年收入80%至90%的罚款;

(二)谎报、瞒报事故或者事故发生后逃匿的,处上一年年收入100%的罚款。

第十四条 事故发生单位对造成3人以下死亡,或者3人以上10人以下重伤(包括急性工业中毒,下同),或者300万元以上1000万元以下直接经济损失的一般事故负有责任的,处20万元以上50万元以下的罚款。

事故发生单位有本条第一款规定的行为且有谎报或者瞒报事故情节的,处50万元的罚款。

第十五条 事故发生单位对较大事故发生负有责任的,依照下列规定处以罚款:

（一）造成3人以上6人以下死亡，或者10人以上30人以下重伤，或者1000万元以上3000万元以下直接经济损失的，处50万元以上70万元以下的罚款；

（二）造成6人以上10人以下死亡，或者30人以上50人以下重伤，或者3000万元以上5000万元以下直接经济损失的，处70万元以上100万元以下的罚款。

事故发生单位对较大事故发生负有责任且有谎报或者瞒报情节的，处100万元的罚款。

第十六条 事故发生单位对重大事故发生负有责任的，依照下列规定处以罚款：

（一）造成10人以上15人以下死亡，或者50人以上70人以下重伤，或者5000万元以上7000万元以下直接经济损失的，处100万元以上300万元以下的罚款；

（二）造成15人以上30人以下死亡，或者70人以上100人以下重伤，或者7000万元以上1亿元以下直接经济损失的，处300万元以上500万元以下的罚款。

事故发生单位对重大事故发生负有责任且有谎报或者瞒报情节的，处500万元的罚款。

第十七条 事故发生单位对特别重大事故发生负有责任的，依照下列规定处以罚款：

（一）造成30人以上40人以下死亡，或者100人以上120人以下重伤，或者1亿元以上1.2亿元以下直接经济损失的，处500万元以上1000万元以下的罚款；

（二）造成40人以上50人以下死亡，或者120人以上150人以下重伤，或者1.2亿元以上1.5亿元以下直接经济损失的，处1000万元以上1500万元以下的罚款；

（三）造成50人以上死亡，或者150人以上重伤，或者1.5亿元以上直接经济损失的，处1500万元以上2000万元以下的罚款。

事故发生单位对特别重大事故发生负有责任且有下列情形之一的，处2000万元的罚款：

（一）谎报特别重大事故的；

（二）瞒报特别重大事故的；

（三）未依法取得有关行政审批或者证照擅自从事生产经营活动的；

（四）拒绝、阻碍行政执法的；

（五）拒不执行有关停产停业、停止施工、停止使用相关设备或者设施的行政执法指令的；

（六）明知存在事故隐患，仍然进行生产经营活动的；

（七）一年内已经发生2起以上较大事故，或者1起重大以上事故，再次发生特别重大事故的；

（八）地下矿山负责人未按照规定带班下井的。

第十八条　事故发生单位主要负责人未依法履行安全生产管理职责，导致事故发生的，依照下列规定处以罚款：

（一）发生一般事故的，处上一年年收入30%的罚款；

（二）发生较大事故的，处上一年年收入40%的罚款；

（三）发生重大事故的，处上一年年收入60%的罚款；

（四）发生特别重大事故的，处上一年年收入80%的罚款。

第十九条　个人经营的投资人未依照《安全生产法》的规定保证安全生产所必需的资金投入，致使生产经营单位不具备安全生产条件，导致发生生产安全事故的，依照下列规定对个人经营的投资人处以罚款：

（一）发生一般事故的，处2万元以上5万元以下的罚款；

（二）发生较大事故的，处5万元以上10万元以下的罚款；

（三）发生重大事故的，处10万元以上15万元以下的罚款；

（四）发生特别重大事故的，处15万元以上20万元以下的罚款。

第二十条　违反《条例》和本规定，事故发生单位及其有关责任人员有两种以上应当处以罚款的行为的，安全生产监督管理部门或者煤矿安全监察机构应当分别裁量，合并作出处罚决定。

第二十一条　对事故发生负有责任的其他单位及其有关责任人员处以罚款的行政处罚，依照相关法律、法规和规章的规定实施。

第二十二条　本规定自公布之日起施行。

六
法律、法规、部门规章中有关违法的责任条款

1.《中华人民共和国安全生产法》(部分)

第二十四条　矿山、金属冶炼、建筑施工、运输单位和危险物品的生产、

经营、储存、装卸单位，应当设置安全生产管理机构或者配备专职安全生产管理人员。

前款规定以外的其他生产经营单位，从业人员超过一百人的，应当设置安全生产管理机构或者配备专职安全生产管理人员；从业人员在一百人以下的，应当配备专职或者兼职的安全生产管理人员。

第二十七条 生产经营单位的主要负责人和安全生产管理人员必须具备与本单位所从事的生产经营活动相应的安全生产知识和管理能力。

危险物品的生产、经营、储存、装卸单位以及矿山、金属冶炼、建筑施工、运输单位的主要负责人和安全生产管理人员，应当由主管的负有安全生产监督管理职责的部门对其安全生产知识和管理能力考核合格。考核不得收费。

危险物品的生产、储存、装卸单位以及矿山、金属冶炼单位应当有注册安全工程师从事安全生产管理工作。鼓励其他生产经营单位聘用注册安全工程师从事安全生产管理工作。注册安全工程师按专业分类管理，具体办法由国务院人力资源和社会保障部门、国务院应急管理部门会同国务院有关部门制定。

第二十八条 生产经营单位应当对从业人员进行安全生产教育和培训，保证从业人员具备必要的安全生产知识，熟悉有关的安全生产规章制度和安全操作规程，掌握本岗位的安全操作技能，了解事故应急处理措施，知悉自身在安全生产方面的权利和义务。未经安全生产教育和培训合格的从业人员，不得上岗作业。

生产经营单位使用被派遣劳动者的，应当将被派遣劳动者纳入本单位从业人员统一管理，对被派遣劳动者进行岗位安全操作规程和安全操作技能的教育和培训。劳务派遣单位应当对被派遣劳动者进行必要的安全生产教育和培训。

生产经营单位接收中等职业学校、高等学校学生实习的，应当对实习学生进行相应的安全生产教育和培训，提供必要的劳动防护用品。学校应当协助生产经营单位对实习学生进行安全生产教育和培训。

生产经营单位应当建立安全生产教育和培训档案，如实记录安全生产教育和培训的时间、内容、参加人员以及考核结果等情况。

第三十七条 生产经营单位使用的危险物品的容器、运输工具，以及涉及人身安全、危险性较大的海洋石油开采特种设备和矿山井下特种设备，必须按照国家有关规定，由专业生产单位生产，并经具有专业资质的检测、检验机构检测、检验合格，取得安全使用证或者安全标志，方可投入使用。检测、检验机构对检测、检验结果负责。

第三十九条 生产、经营、运输、储存、使用危险物品或者处置废弃危险物品的，由有关主管部门依照有关法律、法规的规定和国家标准或者行业标准审批并实施监督管理。

生产经营单位生产、经营、运输、储存、使用危险物品或者处置废弃危险物品，必须执行有关法律、法规和国家标准或者行业标准，建立专门的安全管理制度，采取可靠的安全措施，接受有关主管部门依法实施的监督管理。

第六十五条 应急管理部门和其他负有安全生产监督管理职责的部门依法开展安全生产行政执法工作，对生产经营单位执行有关安全生产的法律、法规和国家标准或者行业标准的情况进行监督检查，行使以下职权：

（一）进入生产经营单位进行检查，调阅有关资料，向有关单位和人员了解情况；

（二）对检查中发现的安全生产违法行为，当场予以纠正或者要求限期改正；对依法应当给予行政处罚的行为，依照本法和其他有关法律、行政法规的规定作出行政处罚决定；

（三）对检查中发现的事故隐患，应当责令立即排除；重大事故隐患排除前或者排除过程中无法保证安全的，应当责令从危险区域内撤出作业人员，责令暂时停产停业或者停止使用相关设施、设备；重大事故隐患排除后，经审查同意，方可恢复生产经营和使用；

（四）对有根据认为不符合保障安全生产的国家标准或者行业标准的设施、设备、器材以及违法生产、储存、使用、经营、运输的危险物品予以查封或者扣押，对违法生产、储存、使用、经营危险物品的作业场所予以查封，并依法作出处理决定。

监督检查不得影响被检查单位的正常生产经营活动。

第七十九条 国家加强生产安全事故应急能力建设，在重点行业、领域建立应急救援基地和应急救援队伍，并由国家安全生产应急救援机构统一协调指挥；鼓励生产经营单位和其他社会力量建立应急救援队伍，配备相应的应急救援装备和物资，提高应急救援的专业化水平。

国务院应急管理部门牵头建立全国统一的生产安全事故应急救援信息系统，国务院交通运输、住房和城乡建设、水利、民航等有关部门和县级以上地方人民政府建立健全相关行业、领域、地区的生产安全事故应急救援信息系统，实现互联互通、信息共享，通过推行网上安全信息采集、安全监管和监测预警，提升监管的精准化、智能化水平。

第八十二条 危险物品的生产、经营、储存单位以及矿山、金属冶炼、城市轨道交通运营、建筑施工单位应当建立应急救援组织；生产经营规模较小的，可以不建立应急救援组织，但应当指定兼职的应急救援人员。

危险物品的生产、经营、储存、运输单位以及矿山、金属冶炼、城市轨道交通运营、建筑施工单位应当配备必要的应急救援器材、设备和物资，并进行经常性维护、保养，保证正常运转。

第九十条 负有安全生产监督管理职责的部门的工作人员，有下列行为之一的，给予降级或者撤职的处分；构成犯罪的，依照刑法有关规定追究刑事责任：

（一）对不符合法定安全生产条件的涉及安全生产的事项予以批准或者验收通过的；

（二）发现未依法取得批准、验收的单位擅自从事有关活动或者接到举报后不予取缔或者不依法予以处理的；

（三）对已经依法取得批准的单位不履行监督管理职责，发现其不再具备安全生产条件而不撤销原批准或者发现安全生产违法行为不予查处的；

（四）在监督检查中发现重大事故隐患，不依法及时处理的。

负有安全生产监督管理职责的部门的工作人员有前款规定以外的滥用职权、玩忽职守、徇私舞弊行为的，依法给予处分；构成犯罪的，依照刑法有关规定追究刑事责任。

第九十一条 负有安全生产监督管理职责的部门，要求被审查、验收的单位购买其指定的安全设备、器材或者其他产品的，在对安全生产事项的审查、验收中收取费用的，由其上级机关或者监察机关责令改正，责令退还收取的费用；情节严重的，对直接负责的主管人员和其他直接责任人员依法给予处分。

第九十二条 承担安全评价、认证、检测、检验职责的机构出具失实报告的，责令停业整顿，并处三万元以上十万元以下的罚款；给他人造成损害的，依法承担赔偿责任。

承担安全评价、认证、检测、检验职责的机构租借资质、挂靠、出具虚假报告的，没收违法所得；违法所得在十万元以上的，并处违法所得二倍以上五倍以下的罚款；没有违法所得或者违法所得不足十万元的，单处或者并处十万元以上二十万元以下的罚款；对其直接负责的主管人员和其他直接责任人员处五万元以上十万元以下的罚款；给他人造成损害的，与生产经营单位承担连带赔偿责任；构成犯罪的，依照刑法有关规定追究刑事责任。

对有前款违法行为的机构及其直接责任人员，吊销其相应资质和资格，五年内不得从事安全评价、认证、检测、检验等工作，情节严重的，实行终身行业和职业禁入。

第九十三条 生产经营单位的决策机构、主要负责人或者个人经营的投资人不依照本法规定保证安全生产所必需的资金投入，致使生产经营单位不具备安全生产条件的，责令限期改正，提供必需的资金；逾期未改正的，责令生产经营单位停产停业整顿。

有前款违法行为，导致发生生产安全事故的，对生产经营单位的主要负责人给予撤职处分，对个人经营的投资人处二万元以上二十万元以下的罚款；构成犯罪的，依照刑法有关规定追究刑事责任。

第九十四条 生产经营单位的主要负责人未履行本法规定的安全生产管理职责，责令限期改正，处二万元以上五万元以下的罚款；逾期未改正的，处五万元以上十万元以下的罚款，责令生产经营单位停产停业整顿。

生产经营单位的主要负责人有前款违法行为，导致发生生产安全事故的，给予撤职处分；构成犯罪的，依照刑法有关规定追究刑事责任。

生产经营单位的主要负责人依照前款规定受刑事处罚或者撤职处分的，自刑罚执行完毕或者受处分之日起，五年内不得担任任何生产经营单位的主要负责人；对重大、特别重大生产安全事故负有责任的，终身不得担任本行业生产经营单位的主要负责人。

第九十五条 生产经营单位的主要负责人未履行本法规定的安全生产管理职责，导致发生生产安全事故的，由应急管理部门依照下列规定处以罚款：

（一）发生一般事故的，处上一年年收入百分之四十的罚款；

（二）发生较大事故的，处上一年年收入百分之六十的罚款；

（三）发生重大事故的，处上一年年收入百分之八十的罚款；

（四）发生特别重大事故的，处上一年年收入百分之一百的罚款。

第九十六条 生产经营单位的其他负责人和安全生产管理人员未履行本法规定的安全生产管理职责的，责令限期改正，处一万元以上三万元以下的罚款；导致发生生产安全事故的，暂停或者吊销其与安全生产有关的资格，并处上一年年收入百分之二十以上百分之五十以下的罚款；构成犯罪的，依照刑法有关规定追究刑事责任。

第九十七条 生产经营单位有下列行为之一的，责令限期改正，处十万元以下的罚款；逾期未改正的，责令停产停业整顿，并处十万元以上二十万元以下的罚款，对其直接负责的主管人员和其他直接责任人员处二万元以上五万元以下的罚款：

（一）未按照规定设置安全生产管理机构或者配备安全生产管理人员、注册安全工程师的；

（二）危险物品的生产、经营、储存、装卸单位以及矿山、金属冶炼、建筑施工、运输单位的主要负责人和安全生产管理人员未按照规定经考核合格的；

（三）未按照规定对从业人员、被派遣劳动者、实习学生进行安全生产教育和培训，或者未按照规定如实告知有关的安全生产事项的；

（四）未如实记录安全生产教育和培训情况的；

（五）未将事故隐患排查治理情况如实记录或者未向从业人员通报的；

（六）未按照规定制定生产安全事故应急救援预案或者未定期组织演练的；

（七）特种作业人员未按照规定经专门的安全作业培训并取得相应资格，上岗作业的。

第九十八条 生产经营单位有下列行为之一的，责令停止建设或者停产停业整顿，限期改正，并处十万元以上五十万元以下的罚款，对其直接负责的主管人员和其他直接责任人员处二万元以上五万元以下的罚款；逾期未改正的，处五十万元以上一百万元以下的罚款，对其直接负责的主管人员和其他直接责任人员处五万元以上十万元以下的罚款；构成犯罪的，依照刑法有关规定追究刑事责任：

（一）未按照规定对矿山、金属冶炼建设项目或者用于生产、储存、装卸危险物品的建设项目进行安全评价的；

（二）矿山、金属冶炼建设项目或者用于生产、储存、装卸危险物品的建设项目没有安全设施设计或者安全设施设计未按照规定报经有关部门审查同意的；

（三）矿山、金属冶炼建设项目或者用于生产、储存、装卸危险物品的建设项目的施工单位未按照批准的安全设施设计施工的；

（四）矿山、金属冶炼建设项目或者用于生产、储存、装卸危险物品的建设项目竣工投入生产或者使用前，安全设施未经验收合格的。

第九十九条 生产经营单位有下列行为之一的，责令限期改正，处五万元以下的罚款；逾期未改正的，处五万元以上二十万元以下的罚款，对其直接负责的主管人员和其他直接责任人员处一万元以上二万元以下的罚款；情节严重的，责令停产停业整顿；构成犯罪的，依照刑法有关规定追究刑事责任：

（一）未在有较大危险因素的生产经营场所和有关设施、设备上设置明显的安全警示标志的；

（二）安全设备的安装、使用、检测、改造和报废不符合国家标准或者行业标准的；

（三）未对安全设备进行经常性维护、保养和定期检测的；

（四）关闭、破坏直接关系生产安全的监控、报警、防护、救生设备、设施，或者篡改、隐瞒、销毁其相关数据、信息的；

（五）未为从业人员提供符合国家标准或者行业标准的劳动防护用品的；

（六）危险物品的容器、运输工具，以及涉及人身安全、危险性较大的海洋石油开采特种设备和矿山井下特种设备未经具有专业资质的机构检测、检验合格，取得安全使用证或者安全标志，投入使用的；

（七）使用应当淘汰的危及生产安全的工艺、设备的；

（八）餐饮等行业的生产经营单位使用燃气未安装可燃气体报警装置的。

第一百条 未经依法批准，擅自生产、经营、运输、储存、使用危险物品或者处置废弃危险物品的，依照有关危险物品安全管理的法律、行政法规的规定予以处罚；构成犯罪的，依照刑法有关规定追究刑事责任。

第一百零一条 生产经营单位有下列行为之一的，责令限期改正，处十万元以下的罚款；逾期未改正的，责令停产停业整顿，并处十万元以上二十万元以下的罚款，对其直接负责的主管人员和其他直接责任人员处二万元以上五万元以下的罚款；构成犯罪的，依照刑法有关规定追究刑事责任：

（一）生产、经营、运输、储存、使用危险物品或者处置废弃危险物品，未建立专门安全管理制度、未采取可靠的安全措施的；

（二）对重大危险源未登记建档，未进行定期检测、评估、监控，未制定应急预案，或者未告知应急措施的；

（三）进行爆破、吊装、动火、临时用电以及国务院应急管理部门会同国务院有关部门规定的其他危险作业，未安排专门人员进行现场安全管理的；

（四）未建立安全风险分级管控制度或者未按照安全风险分级采取相应管控措施的；

（五）未建立事故隐患排查治理制度，或者重大事故隐患排查治理情况未按照规定报告的。

第一百零二条 生产经营单位未采取措施消除事故隐患的，责令立即消除或者限期消除，处五万元以下的罚款；生产经营单位拒不执行的，责令停产停业整顿；对其直接负责的主管人员和其他直接责任人员处五万元以上十万元以下的罚款；构成犯罪的，依照刑法有关规定追究刑事责任。

第一百零三条 生产经营单位将生产经营项目、场所、设备发包或者出租给不具备安全生产条件或者相应资质的单位或者个人的，责令限期改正，没收违法所得；违法所得十万元以上的，并处违法所得二倍以上五倍以下的罚款；没有违法所得或者违法所得不足十万元的，单处或者并处十万元以上二十万元以下的罚款；对其直接负责的主管人员和其他直接责任人员处一万元以上二万元以下的罚款；导致发生生产安全事故给他人造成损害的，与承包方、承租方承担连带赔偿责任。

生产经营单位未与承包单位、承租单位签订专门的安全生产管理协议或者未在承包合同、租赁合同中明确各自的安全生产管理职责，或者未对承包单位、承租单位的安全生产统一协调、管理的，责令限期改正，处五万元以下的罚款，对其直接负责的主管人员和其他直接责任人员处一万元以下的罚款；逾期未改正的，责令停产停业整顿。

矿山、金属冶炼建设项目和用于生产、储存、装卸危险物品的建设项目的施工单位未按照规定对施工项目进行安全管理的，责令限期改正，处十万元以下的罚款，对其直接负责的主管人员和其他直接责任人员处二万元以下的罚款；逾期未改正的，责令停产停业整顿；以上施工单位倒卖、出租、出借、挂靠或者以其他形式非法转让施工资质的，责令停产停业整顿，吊销资质证书，没收违法所得；违法所得十万元以上的，并处违法所得二倍以上五倍以下的罚款；没有违法所得或者违法所得不足十万元的，单处或者并处十万元以上二十万元以下的罚款；对其直接负责的主管人员和其他直接责任人员处五万元以上十万元以下的罚款；构成犯罪的，依照刑法有关规定追究刑事责任。

第一百零四条　两个以上生产经营单位在同一作业区域内进行可能危及对方安全生产的生产经营活动，未签订安全生产管理协议或者未指定专职安全生产管理人员进行安全检查与协调的，责令限期改正，处五万元以下的罚款，对其直接负责的主管人员和其他直接责任人员处一万元以下的罚款；逾期未改正的，责令停产停业。

第一百零五条　生产经营单位有下列行为之一的，责令限期改正，处五万元以下的罚款，对其直接负责的主管人员和其他直接责任人员处一万元以下的罚款；逾期未改正的，责令停产停业整顿；构成犯罪的，依照刑法有关规定追究刑事责任：

（一）生产、经营、储存、使用危险物品的车间、商店、仓库与员工宿舍在同一座建筑内，或者与员工宿舍的距离不符合安全要求的；

（二）生产经营场所和员工宿舍未设有符合紧急疏散需要、标志明显、保持畅通的出口、疏散通道，或者占用、锁闭、封堵生产经营场所或者员工宿舍出口、疏散通道的。

第一百零六条　生产经营单位与从业人员订立协议，免除或者减轻其对从业人员因生产安全事故伤亡依法应承担的责任的，该协议无效；对生产经营单位的主要负责人、个人经营的投资人处二万元以上十万元以下的罚款。

第一百零七条　生产经营单位的从业人员不落实岗位安全责任，不服从管理，违反安全生产规章制度或者操作规程的，由生产经营单位给予批评教育，依照有关规章制度给予处分；构成犯罪的，依照刑法有关规定追究刑事责任。

第一百零八条　违反本法规定，生产经营单位拒绝、阻碍负有安全生产监督管理职责的部门依法实施监督检查的，责令改正；拒不改正的，处二万元以上二十万元以下的罚款；对其直接负责的主管人员和其他直接责任人员处一万元以上二万元以下的罚款；构成犯罪的，依照刑法有关规定追究刑事责任。

第一百零九条 高危行业、领域的生产经营单位未按照国家规定投保安全生产责任保险的，责令限期改正，处五万元以上十万元以下的罚款；逾期未改正的，处十万元以上二十万元以下的罚款。

第一百一十条 生产经营单位的主要负责人在本单位发生生产安全事故时，不立即组织抢救或者在事故调查处理期间擅离职守或者逃匿的，给予降级、撤职的处分，并由应急管理部门处上一年年收入百分之六十至百分之一百的罚款；对逃匿的处十五日以下拘留；构成犯罪的，依照刑法有关规定追究刑事责任。

生产经营单位的主要负责人对生产安全事故隐瞒不报、谎报或者迟报的，依照前款规定处罚。

第一百一十一条 有关地方人民政府、负有安全生产监督管理职责的部门，对生产安全事故隐瞒不报、谎报或者迟报的，对直接负责的主管人员和其他直接责任人员依法给予处分；构成犯罪的，依照刑法有关规定追究刑事责任。

第一百一十二条 生产经营单位违反本法规定，被责令改正且受到罚款处罚，拒不改正的，负有安全生产监督管理职责的部门可以自作出责令改正之日的次日起，按照原处罚数额按日连续处罚。

第一百一十三条 生产经营单位存在下列情形之一的，负有安全生产监督管理职责的部门应当提请地方人民政府予以关闭，有关部门应当依法吊销其有关证照。生产经营单位主要负责人五年内不得担任任何生产经营单位的主要负责人；情节严重的，终身不得担任本行业生产经营单位的主要负责人：

（一）存在重大事故隐患，一百八十日内三次或者一年内四次受到本法规定的行政处罚的；

（二）经停产停业整顿，仍不具备法律、行政法规和国家标准或者行业标准规定的安全生产条件的；

（三）不具备法律、行政法规和国家标准或者行业标准规定的安全生产条件，导致发生重大、特别重大生产安全事故的；

（四）拒不执行负有安全生产监督管理职责的部门作出的停产停业整顿决定的。

第一百一十四条 发生生产安全事故，对负有责任的生产经营单位除要求其依法承担相应的赔偿等责任外，由应急管理部门依照下列规定处以罚款：

（一）发生一般事故的，处三十万元以上一百万元以下的罚款；

（二）发生较大事故的，处一百万元以上二百万元以下的罚款；

（三）发生重大事故的，处二百万元以上一千万元以下的罚款；

（四）发生特别重大事故的，处一千万元以上二千万元以下的罚款。

发生生产安全事故，情节特别严重、影响特别恶劣的，应急管理部门可以按照前款罚款数额的二倍以上五倍以下对负有责任的生产经营单位处以罚款。

第一百一十五条 本法规定的行政处罚，由应急管理部门和其他负有安全生产监督管理职责的部门按照职责分工决定。其中，根据本法第九十五条、第一百一十条、第一百一十四条的规定应当给予民航、铁路、电力行业的生产经营单位及其主要负责人行政处罚的，也可以由主管的负有安全生产监督管理职责的部门进行处罚。予以关闭的行政处罚，由负有安全生产监督管理职责的部门报请县级以上人民政府按照国务院规定的权限决定；给予拘留的行政处罚，由公安机关依照治安管理处罚的规定决定。

第一百一十六条 生产经营单位发生生产安全事故造成人员伤亡、他人财产损失的，应当依法承担赔偿责任；拒不承担或者其负责人逃匿的，由人民法院依法强制执行。

生产安全事故的责任人未依法承担赔偿责任，经人民法院依法采取执行措施后，仍不能对受害人给予足额赔偿的，应当继续履行赔偿义务；受害人发现责任人有其他财产的，可以随时请求人民法院执行。

2.《中华人民共和国刑法》(部分)

第一百三十三条 【交通肇事罪】违反交通运输管理法规，因而发生重大事故，致人重伤、死亡或者使公私财产遭受重大损失的，处三年以下有期徒刑或者拘役；交通运输肇事后逃逸或者有其他特别恶劣情节的，处三年以上七年以下有期徒刑；因逃逸致人死亡的，处七年以上有期徒刑。

第一百三十三条之一 【危险驾驶罪】在道路上驾驶机动车，有下列情形之一的，处拘役，并处罚金：

（一）追逐竞驶，情节恶劣的；

（二）醉酒驾驶机动车的；

（三）从事校车业务或者旅客运输，严重超过额定乘员载客，或者严重超过规定时速行驶的；

（四）违反危险化学品安全管理规定运输危险化学品，危及公共安全的。

机动车所有人、管理人对前款第三项、第四项行为负有直接责任的，依照前款的规定处罚。

有前两款行为，同时构成其他犯罪的，依照处罚较重的规定定罪处罚。

第一百三十三条之二 【妨害安全驾驶罪】对行驶中的公共交通工具的驾

驶人员使用暴力或者抢控驾驶操纵装置，干扰公共交通工具正常行驶，危及公共安全的，处一年以下有期徒刑、拘役或者管制，并处或者单处罚金。

前款规定的驾驶人员在行驶的公共交通工具上擅离职守，与他人互殴或者殴打他人，危及公共安全的，依照前款的规定处罚。

有前两款行为，同时构成其他犯罪的，依照处罚较重的规定定罪处罚。

第一百三十四条　【重大责任事故罪】在生产、作业中违反有关安全管理的规定，因而发生重大伤亡事故或者造成其他严重后果的，处三年以下有期徒刑或者拘役；情节特别恶劣的，处三年以上七年以下有期徒刑。

【强令、组织他人违章冒险作业罪】强令他人违章冒险作业，或者明知存在重大事故隐患而不排除，仍冒险组织作业，因而发生重大伤亡事故或者造成其他严重后果的，处五年以下有期徒刑或者拘役；情节特别恶劣的，处五年以上有期徒刑。

第一百三十四条之一　【危险作业罪】在生产、作业中违反有关安全管理的规定，有下列情形之一，具有发生重大伤亡事故或者其他严重后果的现实危险的，处一年以下有期徒刑、拘役或者管制：

（一）关闭、破坏直接关系生产安全的监控、报警、防护、救生设备、设施，或者篡改、隐瞒、销毁其相关数据、信息的；

（二）因存在重大事故隐患被依法责令停产停业、停止施工、停止使用有关设备、设施、场所或者立即采取排除危险的整改措施，而拒不执行的；

（三）涉及安全生产的事项未经依法批准或者许可，擅自从事矿山开采、金属冶炼、建筑施工，以及危险物品生产、经营、储存等高度危险的生产作业活动的。

第一百三十五条　【重大劳动安全事故罪】安全生产设施或者安全生产条件不符合国家规定，因而发生重大伤亡事故或者造成其他严重后果的，对直接负责的主管人员和其他直接责任人员，处三年以下有期徒刑或者拘役；情节特别恶劣的，处三年以上七年以下有期徒刑。

第一百三十五条之一　【大型群众性活动重大安全事故罪】举办大型群众性活动违反安全管理规定，因而发生重大伤亡事故或者造成其他严重后果的，对直接负责的主管人员和其他直接责任人员，处三年以下有期徒刑或者拘役；情节特别恶劣的，处三年以上七年以下有期徒刑。

第一百三十六条　【危险物品肇事罪】违反爆炸性、易燃性、放射性、毒害性、腐蚀性物品的管理规定，在生产、储存、运输、使用中发生重大事故，造成严重后果的，处三年以下有期徒刑或者拘役；后果特别严重的，处三年以上七年以下有期徒刑。

第一百三十九条 【消防责任事故罪】违反消防管理法规，经消防监督机构通知采取改正措施而拒绝执行，造成严重后果的，对直接责任人员，处三年以下有期徒刑或者拘役；后果特别严重的，处三年以上七年以下有期徒刑。

第一百三十九条之一 【不报、谎报安全事故罪】在安全事故发生后，负有报告职责的人员不报或者谎报事故情况，贻误事故抢救，情节严重的，处三年以下有期徒刑或者拘役；情节特别严重的，处三年以上七年以下有期徒刑。

3.《中华人民共和国突发事件应对法》(部分)

第六十三条 地方各级人民政府和县级以上各级人民政府有关部门违反本法规定，不履行法定职责的，由其上级行政机关或者监察机关责令改正；有下列情形之一的，根据情节对直接负责的主管人员和其他直接责任人员依法给予处分：

（一）未按规定采取预防措施，导致发生突发事件，或者未采取必要的防范措施，导致发生次生、衍生事件的；

（二）迟报、谎报、瞒报、漏报有关突发事件的信息，或者通报、报送、公布虚假信息，造成后果的；

（三）未按规定及时发布突发事件警报、采取预警期的措施，导致损害发生的；

（四）未按规定及时采取措施处置突发事件或者处置不当，造成后果的；

（五）不服从上级人民政府对突发事件应急处置工作的统一领导、指挥和协调的；

（六）未及时组织开展生产自救、恢复重建等善后工作的；

（七）截留、挪用、私分或者变相私分应急救援资金、物资的；

（八）不及时归还征用的单位和个人的财产，或者对被征用财产的单位和个人不按规定给予补偿的。

第六十四条 有关单位有下列情形之一的，由所在地履行统一领导职责的人民政府责令停产停业，暂扣或者吊销许可证或者营业执照，并处五万元以上二十万元以下的罚款；构成违反治安管理行为的，由公安机关依法给予处罚：

（一）未按规定采取预防措施，导致发生严重突发事件的；

（二）未及时消除已发现的可能引发突发事件的隐患，导致发生严重突发事件的；

（三）未做好应急设备、设施日常维护、检测工作，导致发生严重突发事件或者突发事件危害扩大的；

（四）突发事件发生后，不及时组织开展应急救援工作，造成严重后果的。

前款规定的行为，其他法律、行政法规规定由人民政府有关部门依法决定处罚的，从其规定。

第六十五条　违反本法规定，编造并传播有关突发事件事态发展或者应急处置工作的虚假信息，或者明知是有关突发事件事态发展或者应急处置工作的虚假信息而进行传播的，责令改正，给予警告；造成严重后果的，依法暂停其业务活动或者吊销其执业许可证；负有直接责任的人员是国家工作人员的，还应当对其依法给予处分；构成违反治安管理行为的，由公安机关依法给予处罚。

第六十六条　单位或者个人违反本法规定，不服从所在地人民政府及其有关部门发布的决定、命令或者不配合其依法采取的措施，构成违反治安管理行为的，由公安机关依法给予处罚。

第六十七条　单位或者个人违反本法规定，导致突发事件发生或者危害扩大，给他人人身、财产造成损害的，应当依法承担民事责任。

第六十八条　违反本法规定，构成犯罪的，依法追究刑事责任。

4.《中华人民共和国劳动法》（部分）

第八十九条　用人单位制定的劳动规章制度违反法律、法规规定的，由劳动行政部门给予警告，责令改正；对劳动者造成损害的，应当承担赔偿责任。

第九十条　用人单位违反本法规定，延长劳动者工作时间的，由劳动行政部门给予警告，责令改正，并可以处以罚款。

第九十一条　用人单位有下列侵害劳动者合法权益情形之一的，由劳动行政部门责令支付劳动者的工资报酬、经济补偿，并可以责令支付赔偿金：

（一）克扣或者无故拖欠劳动者工资的；

（二）拒不支付劳动者延长工作时间工资报酬的；

（三）低于当地最低工资标准支付劳动者工资的；

（四）解除劳动合同后，未依照本法规定给予劳动者经济补偿的。

第九十二条　用人单位的劳动安全设施和劳动卫生条件不符合国家规定或者未向劳动者提供必要的劳动防护用品和劳动保护设施的，由劳动行政部门或者有关部门责令改正，可以处以罚款；情节严重的，提请县级以上人民政府决定责令停产整顿；对事故隐患不采取措施，致使发生重大事故，造成劳动者生命和财产损失的，对责任人员依照刑法有关规定追究刑事责任。

第九十三条　用人单位强令劳动者违章冒险作业，发生重大伤亡事故，造成严重后果的，对责任人员依法追究刑事责任。

第九十四条 用人单位非法招用未满十六周岁的未成年人的，由劳动行政部门责令改正，处以罚款；情节严重的，由市场监督管理部门吊销营业执照。

第九十五条 用人单位违反本法对女职工和未成年工的保护规定，侵害其合法权益的，由劳动行政部门责令改正，处以罚款；对女职工或者未成年工造成损害的，应当承担赔偿责任。

第九十六条 用人单位有下列行为之一，由公安机关对责任人员处以十五日以下拘留、罚款或者警告；构成犯罪的，对责任人员依法追究刑事责任：

（一）以暴力、威胁或者非法限制人身自由的手段强迫劳动的；

（二）侮辱、体罚、殴打、非法搜查和拘禁劳动者的。

第九十七条 由于用人单位的原因订立的无效合同，对劳动者造成损害的，应当承担赔偿责任。

第九十八条 用人单位违反本法规定的条件解除劳动合同或者故意拖延不订立劳动合同的，由劳动行政部门责令改正；对劳动者造成损害的，应当承担赔偿责任。

第九十九条 用人单位招用尚未解除劳动合同的劳动者，对原用人单位造成经济损失的，该用人单位应当依法承担连带赔偿责任。

第一百条 用人单位无故不缴纳社会保险费的，由劳动行政部门责令其限期缴纳；逾期不缴的，可以加收滞纳金。

第一百零一条 用人单位无理阻挠劳动行政部门、有关部门及其工作人员行使监督检查权，打击报复举报人员的，由劳动行政部门或者有关部门处以罚款；构成犯罪的，对责任人员依法追究刑事责任。

第一百零二条 劳动者违反本法规定的条件解除劳动合同或者违反劳动合同中约定的保密事项，对用人单位造成经济损失的，应当依法承担赔偿责任。

第一百零三条 劳动行政部门或者有关部门的工作人员滥用职权、玩忽职守、徇私舞弊，构成犯罪的，依法追究刑事责任；不构成犯罪的，给予行政处分。

第一百零四条 国家工作人员和社会保险基金经办机构的工作人员挪用社会保险基金，构成犯罪的，依法追究刑事责任。

第一百零五条 违反本法规定侵害劳动者合法权益，其他法律、行政法规已规定处罚的，依照该法律、行政法规的规定处罚。

5.《中华人民共和国民法典》(部分)

第一千二百零四条　因运输者、仓储者等第三人的过错使产品存在缺陷，造成他人损害的，产品的生产者、销售者赔偿后，有权向第三人追偿。

第一千二百四十条　从事高空、高压、地下挖掘活动或者使用高速轨道运输工具造成他人损害的，经营者应当承担侵权责任；但是，能够证明损害是因受害人故意或者不可抗力造成的，不承担责任。被侵权人对损害的发生有重大过失的，可以减轻经营者的责任。

6.《中华人民共和国消防法》(部分)

第六十条　单位违反本法规定，有下列行为之一的，责令改正，处五千元以上五万元以下罚款：

（一）消防设施、器材或者消防安全标志的配置、设置不符合国家标准、行业标准，或者未保持完好有效的；

（二）损坏、挪用或者擅自拆除、停用消防设施、器材的；

（三）占用、堵塞、封闭疏散通道、安全出口或者有其他妨碍安全疏散行为的；

（四）埋压、圈占、遮挡消火栓或者占用防火间距的；

（五）占用、堵塞、封闭消防车通道，妨碍消防车通行的；

（六）人员密集场所在门窗上设置影响逃生和灭火救援的障碍物的；

（七）对火灾隐患经消防救援机构通知后不及时采取措施消除的。

个人有前款第二项、第三项、第四项、第五项行为之一的，处警告或者五百元以下罚款。

有本条第一款第三项、第四项、第五项、第六项行为，经责令改正拒不改正的，强制执行，所需费用由违法行为人承担。

第六十二条　有下列行为之一的，依照《中华人民共和国治安管理处罚法》的规定处罚：

（一）违反有关消防技术标准和管理规定生产、储存、运输、销售、使用、销毁易燃易爆危险品的；

（二）非法携带易燃易爆危险品进入公共场所或者乘坐公共交通工具的；

（三）谎报火警的；

（四）阻碍消防车、消防艇执行任务的；

（五）阻碍消防救援机构的工作人员依法执行职务的。

第六十三条　违反本法规定，有下列行为之一的，处警告或者五百元以下罚款；情节严重的，处五日以下拘留：

（一）违反消防安全规定进入生产、储存易燃易爆危险品场所的；

（二）违反规定使用明火作业或者在具有火灾、爆炸危险的场所吸烟、使用明火的。

第六十四条 违反本法规定，有下列行为之一，尚不构成犯罪的，处十日以上十五日以下拘留，可以并处五百元以下罚款；情节较轻的，处警告或者五百元以下罚款：

（一）指使或者强令他人违反消防安全规定，冒险作业的；

（二）过失引起火灾的；

（三）在火灾发生后阻拦报警，或者负有报告职责的人员不及时报警的；

（四）扰乱火灾现场秩序，或者拒不执行火灾现场指挥员指挥，影响灭火救援的；

（五）故意破坏或者伪造火灾现场的；

（六）擅自拆封或者使用被消防救援机构查封的场所、部位的。

第六十五条 违反本法规定，生产、销售不合格的消防产品或者国家明令淘汰的消防产品的，由产品质量监督部门或者工商行政管理部门依照《中华人民共和国产品质量法》的规定从重处罚。

人员密集场所使用不合格的消防产品或者国家明令淘汰的消防产品的，责令限期改正；逾期不改正的，处五千元以上五万元以下罚款，并对其直接负责的主管人员和其他直接责任人员处五百元以上二千元以下罚款；情节严重的，责令停产停业。

消防救援机构对于本条第二款规定的情形，除依法对使用者予以处罚外，应当将发现不合格的消防产品和国家明令淘汰的消防产品的情况通报产品质量监督部门、工商行政管理部门。产品质量监督部门、工商行政管理部门应当对生产者、销售者依法及时查处。

第六十六条 电器产品、燃气用具的安装、使用及其线路、管路的设计、敷设、维护保养、检测不符合消防技术标准和管理规定的，责令限期改正；逾期不改正的，责令停止使用，可以并处一千元以上五千元以下罚款。

第六十七条 机关、团体、企业、事业等单位违反本法第十六条、第十七条、第十八条、第二十一条第二款规定的，责令限期改正；逾期不改正的，对其直接负责的主管人员和其他直接责任人员依法给予处分或者给予警告处罚。

第六十八条 人员密集场所发生火灾，该场所的现场工作人员不履行组织、引导在场人员疏散的义务，情节严重，尚不构成犯罪的，处五日以上十日以下拘留。

第六十九条　消防设施维护保养检测、消防安全评估等消防技术服务机构，不具备从业条件从事消防技术服务活动或者出具虚假文件的，由消防救援机构责令改正，处五万元以上十万元以下罚款，并对直接负责的主管人员和其他直接责任人员处一万元以上五万元以下罚款；不按照国家标准、行业标准开展消防技术服务活动的，责令改正，处五万元以下罚款，并对直接负责的主管人员和其他直接责任人员处一万元以下罚款；有违法所得的，并处没收违法所得；给他人造成损失的，依法承担赔偿责任；情节严重的，依法责令停止执业或者吊销相应资格；造成重大损失的，由相关部门吊销营业执照，并对有关责任人员采取终身市场禁入措施。

前款规定的机构出具失实文件，给他人造成损失的，依法承担赔偿责任；造成重大损失的，由消防救援机构依法责令停止执业或者吊销相应资格，由相关部门吊销营业执照，并对有关责任人员采取终身市场禁入措施。

第七十条　本法规定的行政处罚，除应当由公安机关依照《中华人民共和国治安管理处罚法》的有关规定决定的外，由住房和城乡建设主管部门、消防救援机构按照各自职权决定。

被责令停止施工、停止使用、停产停业的，应当在整改后向作出决定的部门或者机构报告，经检查合格，方可恢复施工、使用、生产、经营。

当事人逾期不执行停产停业、停止使用、停止施工决定的，由作出决定的部门或者机构强制执行。

责令停产停业，对经济和社会生活影响较大的，由住房和城乡建设主管部门或者应急管理部门报请本级人民政府依法决定。

7.《中华人民共和国职业病防治法》(部分)

第七十条　违反本法规定，有下列行为之一的，由卫生行政部门给予警告，责令限期改正；逾期不改正的，处十万元以下的罚款：

（一）工作场所职业病危害因素检测、评价结果没有存档、上报、公布的；

（二）未采取本法第二十条规定的职业病防治管理措施的；

（三）未按照规定公布有关职业病防治的规章制度、操作规程、职业病危害事故应急救援措施的；

（四）未按照规定组织劳动者进行职业卫生培训，或者未对劳动者个人职业病防护采取指导、督促措施的；

（五）国内首次使用或者首次进口与职业病危害有关的化学材料，未按照规定报送毒性鉴定资料以及经有关部门登记注册或者批准进口的文件的。

第七十一条 用人单位违反本法规定，有下列行为之一的，由卫生行政部门责令限期改正，给予警告，可以并处五万元以上十万元以下的罚款：

（一）未按照规定及时、如实向卫生行政部门申报产生职业病危害的项目的；

（二）未实施由专人负责的职业病危害因素日常监测，或者监测系统不能正常监测的；

（三）订立或者变更劳动合同时，未告知劳动者职业病危害真实情况的；

（四）未按照规定组织职业健康检查、建立职业健康监护档案或者未将检查结果书面告知劳动者的；

（五）未依照本法规定在劳动者离开用人单位时提供职业健康监护档案复印件的。

第七十二条 用人单位违反本法规定，有下列行为之一的，由卫生行政部门给予警告，责令限期改正，逾期不改正的，处五万元以上二十万元以下的罚款；情节严重的，责令停止产生职业病危害的作业，或者提请有关人民政府按照国务院规定的权限责令关闭：

（一）工作场所职业病危害因素的强度或者浓度超过国家职业卫生标准的；

（二）未提供职业病防护设施和个人使用的职业病防护用品，或者提供的职业病防护设施和个人使用的职业病防护用品不符合国家职业卫生标准和卫生要求的；

（三）对职业病防护设备、应急救援设施和个人使用的职业病防护用品未按照规定进行维护、检修、检测，或者不能保持正常运行、使用状态的；

（四）未按照规定对工作场所职业病危害因素进行检测、评价的；

（五）工作场所职业病危害因素经治理仍然达不到国家职业卫生标准和卫生要求时，未停止存在职业病危害因素的作业的；

（六）未按照规定安排职业病病人、疑似职业病病人进行诊治的；

（七）发生或者可能发生急性职业病危害事故时，未立即采取应急救援和控制措施或者未按照规定及时报告的；

（八）未按照规定在产生严重职业病危害的作业岗位醒目位置设置警示标识和中文警示说明的；

（九）拒绝职业卫生监督管理部门监督检查的；

（十）隐瞒、伪造、篡改、毁损职业健康监护档案、工作场所职业病危害因素检测评价结果等相关资料，或者拒不提供职业病诊断、鉴定所需资料的；

（十一）未按照规定承担职业病诊断、鉴定费用和职业病病人的医疗、生活保障费用的。

第七十三条　向用人单位提供可能产生职业病危害的设备、材料，未按照规定提供中文说明书或者设置警示标识和中文警示说明的，由卫生行政部门责令限期改正，给予警告，并处五万元以上二十万元以下的罚款。

第七十四条　用人单位和医疗卫生机构未按照规定报告职业病、疑似职业病的，由有关主管部门依据职责分工责令限期改正，给予警告，可以并处一万元以下的罚款；弄虚作假的，并处二万元以上五万元以下的罚款；对直接负责的主管人员和其他直接责任人员，可以依法给予降级或者撤职的处分。

第七十五条　违反本法规定，有下列情形之一的，由卫生行政部门责令限期治理，并处五万元以上三十万元以下的罚款；情节严重的，责令停止产生职业病危害的作业，或者提请有关人民政府按照国务院规定的权限责令关闭：

（一）隐瞒技术、工艺、设备、材料所产生的职业病危害而采用的；

（二）隐瞒本单位职业卫生真实情况的；

（三）可能发生急性职业损伤的有毒、有害工作场所，放射工作场所或者放射性同位素的运输、贮存不符合本法第二十五条规定的；

（四）使用国家明令禁止使用的可能产生职业病危害的设备或者材料的；

（五）将产生职业病危害的作业转移给没有职业病防护条件的单位和个人，或者没有职业病防护条件的单位和个人接受产生职业病危害的作业的；

（六）擅自拆除、停止使用职业病防护设备或者应急救援设施的；

（七）安排未经职业健康检查的劳动者、有职业禁忌的劳动者、未成年工或者孕期、哺乳期女职工从事接触职业病危害的作业或者禁忌作业的；

（八）违章指挥和强令劳动者进行没有职业病防护措施的作业的。

第七十六条　生产、经营或者进口国家明令禁止使用的可能产生职业病危害的设备或者材料的，依照有关法律、行政法规的规定给予处罚。

第七十七条　用人单位违反本法规定，已经对劳动者生命健康造成严重损害的，由卫生行政部门责令停止产生职业病危害的作业，或者提请有关人民政府按照国务院规定的权限责令关闭，并处十万元以上五十万元以下的罚款。

第七十八条　用人单位违反本法规定，造成重大职业病危害事故或者其他严重后果，构成犯罪的，对直接负责的主管人员和其他直接责任人员，依法追究刑事责任。

8.《中华人民共和国特种设备安全法》（部分）

第七十七条　违反本法规定，特种设备出厂时，未按照安全技术规范的要求随附相关技术资料和文件的，责令限期改正；逾期未改正的，责令停止制造、销售，处二万元以上二十万元以下罚款；有违法所得的，没收违法所得。

第七十八条 违反本法规定，特种设备安装、改造、修理的施工单位在施工前未书面告知负责特种设备安全监督管理的部门即行施工的，或者在验收后三十日内未将相关技术资料和文件移交特种设备使用单位的，责令限期改正；逾期未改正的，处一万元以上十万元以下罚款。

第七十九条 违反本法规定，特种设备的制造、安装、改造、重大修理以及锅炉清洗过程，未经监督检验的，责令限期改正；逾期未改正的，处五万元以上二十万元以下罚款；有违法所得的，没收违法所得；情节严重的，吊销生产许可证。

第八十三条 违反本法规定，特种设备使用单位有下列行为之一的，责令限期改正；逾期未改正的，责令停止使用有关特种设备，处一万元以上十万元以下罚款：

（一）使用特种设备未按照规定办理使用登记的；

（二）未建立特种设备安全技术档案或者安全技术档案不符合规定要求，或者未依法设置使用登记标志、定期检验标志的；

（三）未对其使用的特种设备进行经常性维护保养和定期自行检查，或者未对其使用的特种设备的安全附件、安全保护装置进行定期校验、检修，并作出记录的；

（四）未按照安全技术规范的要求及时申报并接受检验的；

（五）未按照安全技术规范的要求进行锅炉水（介）质处理的；

（六）未制定特种设备事故应急专项预案的。

第八十四条 违反本法规定，特种设备使用单位有下列行为之一的，责令停止使用有关特种设备，处三万元以上三十万元以下罚款：

（一）使用未取得许可生产，未经检验或者检验不合格的特种设备，或者国家明令淘汰、已经报废的特种设备的；

（二）特种设备出现故障或者发生异常情况，未对其进行全面检查、消除事故隐患，继续使用的；

（三）特种设备存在严重事故隐患，无改造、修理价值，或者达到安全技术规范规定的其他报废条件，未依法履行报废义务，并办理使用登记证书注销手续的。

第八十五条 违反本法规定，移动式压力容器、气瓶充装单位有下列行为之一的，责令改正，处二万元以上二十万元以下罚款；情节严重的，吊销充装许可证：

（一）未按照规定实施充装前后的检查、记录制度的；

（二）对不符合安全技术规范要求的移动式压力容器和气瓶进行充装的。

违反本法规定，未经许可，擅自从事移动式压力容器或者气瓶充装活动的，予以取缔，没收违法充装的气瓶，处十万元以上五十万元以下罚款；有违法所得的，没收违法所得。

第八十六条　违反本法规定，特种设备生产、经营、使用单位有下列情形之一的，责令限期改正；逾期未改正的，责令停止使用有关特种设备或者停产停业整顿，处一万元以上五万元以下罚款：

（一）未配备具有相应资格的特种设备安全管理人员、检测人员和作业人员的；

（二）使用未取得相应资格的人员从事特种设备安全管理、检测和作业的；

（三）未对特种设备安全管理人员、检测人员和作业人员进行安全教育和技能培训的。

第八十九条　发生特种设备事故，有下列情形之一的，对单位处五万元以上二十万元以下罚款；对主要负责人处一万元以上五万元以下罚款；主要负责人属于国家工作人员的，并依法给予处分：

（一）发生特种设备事故时，不立即组织抢救或者在事故调查处理期间擅离职守或者逃匿的；

（二）对特种设备事故迟报、谎报或者瞒报的。

第九十条　发生事故，对负有责任的单位除要求其依法承担相应的赔偿等责任外，依照下列规定处以罚款：

（一）发生一般事故，处十万元以上二十万元以下罚款；

（二）发生较大事故，处二十万元以上五十万元以下罚款；

（三）发生重大事故，处五十万元以上二百万元以下罚款。

第九十一条　对事故发生负有责任的单位的主要负责人未依法履行职责或者负有领导责任的，依照下列规定处以罚款；属于国家工作人员的，并依法给予处分：

（一）发生一般事故，处上一年年收入百分之三十的罚款；

（二）发生较大事故，处上一年年收入百分之四十的罚款；

（三）发生重大事故，处上一年年收入百分之六十的罚款。

第九十二条　违反本法规定，特种设备安全管理人员、检测人员和作业人员不履行岗位职责，违反操作规程和有关安全规章制度，造成事故的，吊销相关人员的资格。

第九十三条　违反本法规定，特种设备检验、检测机构及其检验、检测人员有下列行为之一的，责令改正，对机构处五万元以上二十万元以下罚款，对直接负责的主管人员和其他直接责任人员处五千元以上五万元以下罚款；情节严重的，吊销机构资质和有关人员的资格：

（一）未经核准或者超出核准范围、使用未取得相应资格的人员从事检验、检测的；

（二）未按照安全技术规范的要求进行检验、检测的；

（三）出具虚假的检验、检测结果和鉴定结论或者检验、检测结果和鉴定结论严重失实的；

（四）发现特种设备存在严重事故隐患，未及时告知相关单位，并立即向负责特种设备安全监督管理的部门报告的；

（五）泄露检验、检测过程中知悉的商业秘密的；

（六）从事有关特种设备的生产、经营活动的；

（七）推荐或者监制、监销特种设备的；

（八）利用检验工作故意刁难相关单位的。

违反本法规定，特种设备检验、检测机构的检验、检测人员同时在两个以上检验、检测机构中执业的，处五千元以上五万元以下罚款；情节严重的，吊销其资格。

第九十五条 违反本法规定，特种设备生产、经营、使用单位或者检验、检测机构拒不接受负责特种设备安全监督管理的部门依法实施的监督检查的，责令限期改正；逾期未改正的，责令停产停业整顿，处二万元以上二十万元以下罚款。

特种设备生产、经营、使用单位擅自动用、调换、转移、损毁被查封、扣押的特种设备或者其主要部件的，责令改正，处五万元以上二十万元以下罚款；情节严重的，吊销生产许可证，注销特种设备使用登记证书。

第九十六条 违反本法规定，被依法吊销许可证的，自吊销许可证之日起三年内，负责特种设备安全监督管理的部门不予受理其新的许可申请。

第九十七条 违反本法规定，造成人身、财产损害的，依法承担民事责任。

违反本法规定，应当承担民事赔偿责任和缴纳罚款、罚金，其财产不足以同时支付时，先承担民事赔偿责任。

第九十八条 违反本法规定，构成违反治安管理行为的，依法给予治安管理处罚；构成犯罪的，依法追究刑事责任。

9.《生产安全事故应急条例》(部分)

第二十九条 地方各级人民政府和街道办事处等地方人民政府派出机关以及县级以上人民政府有关部门违反本条例规定的，由其上级行政机关责令改正；情节严重的，对直接负责的主管人员和其他直接责任人员依法给予处分。

第三十条　生产经营单位未制定生产安全事故应急救援预案、未定期组织应急救援预案演练、未对从业人员进行应急教育和培训，生产经营单位的主要负责人在本单位发生生产安全事故时不立即组织抢救的，由县级以上人民政府负有安全生产监督管理职责的部门依照《中华人民共和国安全生产法》有关规定追究法律责任。

第三十一条　生产经营单位未对应急救援器材、设备和物资进行经常性维护、保养，导致发生严重生产安全事故或者生产安全事故危害扩大，或者在本单位发生生产安全事故后未立即采取相应的应急救援措施，造成严重后果的，由县级以上人民政府负有安全生产监督管理职责的部门依照《中华人民共和国突发事件应对法》有关规定追究法律责任。

第三十二条　生产经营单位未将生产安全事故应急救援预案报送备案、未建立应急值班制度或者配备应急值班人员的，由县级以上人民政府负有安全生产监督管理职责的部门责令限期改正；逾期未改正的，处3万元以上5万元以下的罚款，对直接负责的主管人员和其他直接责任人员处1万元以上2万元以下的罚款。

第三十三条　违反本条例规定，构成违反治安管理行为的，由公安机关依法给予处罚；构成犯罪的，依法追究刑事责任。

10.《生产安全事故应急预案管理办法》（部分）

第四十四条　生产经营单位有下列情形之一的，由县级以上人民政府应急管理等部门依照《中华人民共和国安全生产法》第九十四条的规定，责令限期改正，可以处5万元以下罚款；逾期未改正的，责令停产停业整顿，并处5万元以上10万元以下的罚款，对直接负责的主管人员和其他直接责任人员处1万元以上2万元以下的罚款：

（一）未按照规定编制应急预案的；

（二）未按照规定定期组织应急预案演练的。

第四十五条　生产经营单位有下列情形之一的，由县级以上人民政府应急管理部门责令限期改正，可以处1万元以上3万元以下的罚款：

（一）在应急预案编制前未按照规定开展风险辨识、评估和应急资源调查的；

（二）未按照规定开展应急预案评审的；

（三）事故风险可能影响周边单位、人员，未将事故风险的性质、影响范围和应急防范措施告知周边单位和人员的；

（四）未按照规定开展应急预案评估的；

（五）未按照规定进行应急预案修订的；

（六）未落实应急预案规定的应急物资及装备的。

生产经营单位未按照规定进行应急预案备案的，由县级以上人民政府应急管理等部门依照职责责令限期改正；逾期未改正的，处3万元以上5万元以下的罚款，对直接负责的主管人员和其他直接责任人员处1万元以上2万元以下的罚款。

11.《生产经营单位安全培训规定》(部分)

第二十九条　生产经营单位有下列行为之一的，由安全生产监管监察部门责令其限期改正，可以处1万元以上3万元以下的罚款：

（一）未将安全培训工作纳入本单位工作计划并保证安全培训工作所需资金的；

（二）从业人员进行安全培训期间未支付工资并承担安全培训费用的。

第三十条　生产经营单位有下列行为之一的，由安全生产监管监察部门责令其限期改正，可以处5万元以下的罚款；逾期未改正的，责令停产停业整顿，并处5万元以上10万元以下的罚款，对其直接负责的主管人员和其他直接责任人员处1万元以上2万元以下的罚款：

（一）煤矿、非煤矿山、危险化学品、烟花爆竹、金属冶炼等生产经营单位主要负责人和安全管理人员未按照规定经考核合格的；

（二）未按照规定对从业人员、被派遣劳动者、实习学生进行安全生产教育和培训或者未如实告知其有关安全生产事项的；

（三）未如实记录安全生产教育和培训情况的；

（四）特种作业人员未按照规定经专门的安全技术培训并取得特种作业人员操作资格证书，上岗作业的。

县级以上地方人民政府负责煤矿安全生产监督管理的部门发现煤矿未按照本规定对井下作业人员进行安全培训的，责令限期改正，处10万元以上50万元以下的罚款；逾期未改正的，责令停产停业整顿。

煤矿安全监察机构发现煤矿特种作业人员无证上岗作业的，责令限期改正，处10万元以上50万元以下的罚款；逾期未改正的，责令停产停业整顿。

第三十一条　安全生产监管监察部门有关人员在考核、发证工作中玩忽职守、滥用职权的，由上级安全生产监管监察部门或者行政监察部门给予记过、记大过的行政处分。

12.《最高人民法院、最高人民检察院关于办理危害生产安全刑事案件适用法律若干问题的解释》

为依法惩治危害生产安全犯罪，根据刑法有关规定，现就办理此类刑事案件适用法律的若干问题解释如下：

第一条 刑法第一百三十四条第一款规定的犯罪主体，包括对生产、作业负有组织、指挥或者管理职责的负责人、管理人员、实际控制人、投资人等人员，以及直接从事生产、作业的人员。

第二条 刑法第一百三十四条第二款规定的犯罪主体，包括对生产、作业负有组织、指挥或者管理职责的负责人、管理人员、实际控制人、投资人等人员。

第三条 刑法第一百三十五条规定的"直接负责的主管人员和其他直接责任人员"，是指对安全生产设施或者安全生产条件不符合国家规定负有直接责任的生产经营单位负责人、管理人员、实际控制人、投资人，以及其他对安全生产设施或者安全生产条件负有管理、维护职责的人员。

第四条 刑法第一百三十九条之一规定的"负有报告职责的人员"，是指负有组织、指挥或者管理职责的负责人、管理人员、实际控制人、投资人，以及其他负有报告职责的人员。

第五条 明知存在事故隐患、继续作业存在危险，仍然违反有关安全管理的规定，实施下列行为之一的，应当认定为刑法第一百三十四条第二款规定的"强令他人违章冒险作业"：

（一）利用组织、指挥、管理职权，强制他人违章作业的；

（二）采取威逼、胁迫、恐吓等手段，强制他人违章作业的；

（三）故意掩盖事故隐患，组织他人违章作业的；

（四）其他强令他人违章作业的行为。

第六条 实施刑法第一百三十二条、第一百三十四条第一款、第一百三十五条、第一百三十五条之一、第一百三十六条、第一百三十九条规定的行为，因而发生安全事故，具有下列情形之一的，应当认定为"造成严重后果"或者"发生重大伤亡事故或者造成其他严重后果"，对相关责任人员，处三年以下有期徒刑或者拘役：

（一）造成死亡一人以上，或者重伤三人以上的；

（二）造成直接经济损失一百万元以上的；

（三）其他造成严重后果或者重大安全事故的情形。

实施刑法第一百三十四条第二款规定的行为，因而发生安全事故，具有本条第一款规定情形的,应当认定为"发生重大伤亡事故或者造成其他严重后果",对相关责任人员,处五年以下有期徒刑或者拘役。

实施刑法第一百三十七条规定的行为,因而发生安全事故,具有本条第一款规定情形的,应当认定为"造成重大安全事故",对直接责任人员,处五年以下有期徒刑或者拘役,并处罚金。

实施刑法第一百三十八条规定的行为,因而发生安全事故,具有本条第一款第一项规定情形的,应当认定为"发生重大伤亡事故",对直接责任人员,处三年以下有期徒刑或者拘役。

第七条 实施刑法第一百三十二条、第一百三十四条第一款、第一百三十五条、第一百三十五条之一、第一百三十六条、第一百三十九条规定的行为,因而发生安全事故,具有下列情形之一的,对相关责任人员,处三年以上七年以下有期徒刑:

(一)造成死亡三人以上或者重伤十人以上,负事故主要责任的;

(二)造成直接经济损失五百万元以上,负事故主要责任的;

(三)其他造成特别严重后果、情节特别恶劣或者后果特别严重的情形。

实施刑法第一百三十四条第二款规定的行为,因而发生安全事故,具有本条第一款规定情形的,对相关责任人员,处五年以上有期徒刑。

实施刑法第一百三十七条规定的行为,因而发生安全事故,具有本条第一款规定情形的,对直接责任人员,处五年以上十年以下有期徒刑,并处罚金。

实施刑法第一百三十八条规定的行为,因而发生安全事故,具有下列情形之一的,对直接责任人员,处三年以上七年以下有期徒刑:

(一)造成死亡三人以上或者重伤十人以上,负事故主要责任的;

(二)具有本解释第六条第一款第一项规定情形,同时造成直接经济损失五百万元以上并负事故主要责任的,或者同时造成恶劣社会影响的。

第八条 在安全事故发生后,负有报告职责的人员不报或者谎报事故情况,贻误事故抢救,具有下列情形之一的,应当认定为刑法第一百三十九条之一规定的"情节严重":

(一)导致事故后果扩大,增加死亡一人以上,或者增加重伤三人以上,或者增加直接经济损失一百万元以上的;

(二)实施下列行为之一,致使不能及时有效开展事故抢救的:

1. 决定不报、迟报、谎报事故情况或者指使、串通有关人员不报、迟报、谎报事故情况的;

2. 在事故抢救期间擅离职守或者逃匿的;

3. 伪造、破坏事故现场，或者转移、藏匿、毁灭遇难人员尸体，或者转移、藏匿受伤人员的；

4. 毁灭、伪造、隐匿与事故有关的图纸、记录、计算机数据等资料以及其他证据的；

（三）其他情节严重的情形。

具有下列情形之一的，应当认定为刑法第一百三十九条之一规定的"情节特别严重"：

（一）导致事故后果扩大，增加死亡三人以上，或者增加重伤十人以上，或者增加直接经济损失五百万元以上的；

（二）采用暴力、胁迫、命令等方式阻止他人报告事故情况，导致事故后果扩大的；

（三）其他情节特别严重的情形。

第九条 在安全事故发生后，与负有报告职责的人员串通，不报或者谎报事故情况，贻误事故抢救，情节严重的，依照刑法第一百三十九条之一的规定，以共犯论处。

第十条 在安全事故发生后，直接负责的主管人员和其他直接责任人员故意阻挠开展抢救，导致人员死亡或者重伤，或者为了逃避法律追究，对被害人进行隐藏、遗弃，致使被害人因无法得到救助而死亡或者重度残疾的，分别依照刑法第二百三十二条、第二百三十四条的规定，以故意杀人罪或者故意伤害罪定罪处罚。

第十一条 生产不符合保障人身、财产安全的国家标准、行业标准的安全设备，或者明知安全设备不符合保障人身、财产安全的国家标准、行业标准而进行销售，致使发生安全事故，造成严重后果的，依照刑法第一百四十六条的规定，以生产、销售不符合安全标准的产品罪定罪处罚。

第十二条 实施刑法第一百三十二条、第一百三十四条至第一百三十九条之一规定的犯罪行为，具有下列情形之一的，从重处罚：

（一）未依法取得安全许可证件或者安全许可证件过期、被暂扣、吊销、注销后从事生产经营活动的；

（二）关闭、破坏必要的安全监控和报警设备的；

（三）已经发现事故隐患，经有关部门或者个人提出后，仍不采取措施的；

（四）一年内曾因危害生产安全违法犯罪活动受过行政处罚或者刑事处罚的；

（五）采取弄虚作假、行贿等手段，故意逃避、阻挠负有安全监督管理职责的部门实施监督检查的；

(六) 安全事故发生后转移财产意图逃避承担责任的;

(七) 其他从重处罚的情形。

实施前款第五项规定的行为,同时构成刑法第三百八十九条规定的犯罪的,依照数罪并罚的规定处罚。

第十三条 实施刑法第一百三十二条、第一百三十四条至第一百三十九条之一规定的犯罪行为,在安全事故发生后积极组织、参与事故抢救,或者积极配合调查、主动赔偿损失的,可以酌情从轻处罚。

第十四条 国家工作人员违反规定投资入股生产经营,构成本解释规定的有关犯罪的,或者国家工作人员的贪污、受贿犯罪行为与安全事故发生存在关联性的,从重处罚;同时构成贪污、受贿犯罪和危害生产安全犯罪的,依照数罪并罚的规定处罚。

第十五条 国家机关工作人员在履行安全监督管理职责时滥用职权、玩忽职守,致使公共财产、国家和人民利益遭受重大损失的,或者徇私舞弊,对发现的刑事案件依法应当移交司法机关追究刑事责任而不移交,情节严重的,分别依照刑法第三百九十七条、第四百零二条的规定,以滥用职权罪、玩忽职守罪或者徇私舞弊不移交刑事案件罪定罪处罚。

公司、企业、事业单位的工作人员在依法或者受委托行使安全监督管理职责时滥用职权或者玩忽职守,构成犯罪的,应当依照《全国人民代表大会常务委员会关于〈中华人民共和国刑法〉第九章渎职罪主体适用问题的解释》的规定,适用渎职罪的规定追究刑事责任。

第十六条 对于实施危害生产安全犯罪适用缓刑的犯罪分子,可以根据犯罪情况,禁止其在缓刑考验期限内从事与安全生产相关联的特定活动;对于被判处刑罚的犯罪分子,可以根据犯罪情况和预防再犯罪的需要,禁止其自刑罚执行完毕之日或者假释之日起三年至五年内从事与安全生产相关的职业。

第十七条 本解释自 2015 年 12 月 16 日起施行。本解释施行后,最高人民法院、最高人民检察院《关于办理危害矿山生产安全刑事案件具体应用法律若干问题的解释》(法释〔2007〕5 号)同时废止。最高人民法院、最高人民检察院此前发布的司法解释和规范性文件与本解释不一致的,以本解释为准。

参考文献

［1］ 国家安全生产监督管理总局. 安全评价：上册［M］. 3版. 北京：煤炭工业出版社，2005.

［2］ 何秋学. 安全工程学［M］. 徐州：中国矿业大学出版社，2000.

［3］ 傅以诺，顾方平. 道路交通事故致因理论概要［J］. 汽车与安全，2010（07）：52-53.

［4］ 陈宝智. 安全原理［M］. 北京：冶金工业出版社，2002.

［5］ 李亚军. 国省道路交通安全管理与事故预防策略研究［J］. 辽宁警察学院学报，2022，24（01）：74-79.

［6］ 张银龙，姜传. 城市道路交通事故成因与有效预防分析［J］. 人民公交，2021（06）：64-68.

［7］ 罗云，吕海燕，白福利. 事故分析预测与事故管理［M］. 北京：化学工业出版社，2006.

［8］ 王凯全，邵辉，等. 事故理论与分析技术［M］. 北京：化学工业出版社，2004.

［9］ 北京公共交通控股（集团）有限公司. 城市公共交通行车安全管理（2014年版）［M］. 北京：人民交通出版社，2014.

［10］ 韩小平. 城市轨道交通列车调度员［M］. 北京：中国铁道出版社，2014.

［11］ 于力，邢志. 道路交通事故应急救援技术［M］. 北京：中国人民公安大学出版社，2018.

［12］ 任静，朱茵. 对道路交通安全风险评估新的探究［J］. 交通企业管理，2014，29（03）：66-68.

［13］ 中华人民共和国交通运输部. 公路交通突发事件应急预案［Z/OL］.（2010-09-16）.

［14］ 国家统计局. 中华人民共和国2021年国民经济和社会发展统计公报［R/OL］.（2022-02-28）［2022-03-05］.